印顺法师

佛学著作选集

明达心无碍

恬澹身自安

谦和容别人

精进道可成

印顺

菩萨心行要略

中华书局

图书在版编目(CIP)数据

菩萨心行要略/释印顺著. —北京:中华书局,2010.6
(2022.12 重印)

(印顺法师佛学著作选集)

ISBN 978-7-101-07045-3

Ⅰ.菩… Ⅱ.释… Ⅲ.大乘-文集 Ⅳ.B942.1-53

中国版本图书馆 CIP 数据核字(2009)第 184191 号

经台湾财团法人印顺文教基金会授权出版

书　　名	菩萨心行要略	
著　　者	释印顺	
丛 书 名	印顺法师佛学著作选集	
责任编辑	陈　平	
责任印制	陈丽娜	
出版发行	中华书局	
	(北京市丰台区太平桥西里 38 号　100073)	
	http://www.zhbc.com.cn	
	E-mail:zhbc@zhbc.com.cn	
印　　刷	三河市宏盛印务有限公司	
版　　次	2010 年 6 月第 1 版	
	2022 年 12 月第 3 次印刷	
规　　格	开本/880×1230 毫米　1/32	
	印张 5⅞　插页 2　字数 125 千字	
印　　数	6001-8000 册	
国际书号	ISBN 978-7-101-07045-3	
定　　价	20.00 元	

目　　录

第一篇　菩萨心行要略

一　菩萨行通说

西元前一世纪中，"大乘佛法"以新的姿态出现于印度。"大乘佛法"是以发菩提心、修菩提行、成就佛果为宗的。发心、修行的，名为菩提萨埵，简称菩萨；修行到究竟圆满的，名为佛。菩萨与佛，有不即不离的因果关系，佛果的无边功德庄严，是依菩萨行而圆满成就的。由于众生的根性不同，"大乘佛法"从多方传出来，也就有适应智增上的、信增上的、悲增上的不同。但从"佛法"而演进到"大乘佛法"，主要还是"佛般涅槃所引起的，佛弟子对佛的永恒怀念"。也就因此，"大乘佛法"比起"佛法"来，有更多的仰信与情感成分。这样，"佛法"中以信为本的方便道，普及而又能引入甚深的，如六随念的一部分，当然会有更多的开展。就是继承甚深行而来的，广明菩萨发心、修行、证入，甚深也就是难行道的众多教典，也有不少的方便成分，所以是甚深而又能普及的法门。充满理想而能普及的"大乘佛法"，在旧有的"佛法"传统中脱颖而出，佛法进入了一新的阶段。

（录自《华雨集》二，95—96 页，本版 61—62 页。）

※　　　　※　　　　※　　　　※

菩萨自己还没有解脱，修种种的难行苦行，主要为了利人，不惜牺牲一切，甚至献出自己的生命。依大乘法说：菩萨要广集福德与智慧资粮，"五事具足"，才能得无生法忍，与阿罗汉的涅槃相等。但菩萨的广大悲愿，不入涅槃，"留惑润生"，愿意在长期的生死中，度脱苦难的众生。这种不急于自求解脱，伟大的利他精神，在世间人心中，当然是无限的尊重赞叹。"见贤思齐"，学菩萨而求成佛的"大乘佛法"，为佛弟子所乐意信受奉行，这是一项最有意义的重要因素（当然还有其他原因）。菩萨的大行——波罗蜜行，主要是以慧——般若为先导的。大乘经所说甚深智与广大行，是继承"佛法"的甚深行。如《般若经》所说：得无生法忍的不退转——阿毗跋致菩萨，都是依人身进修而悟入的。得无生忍以上的，是大菩萨（俗称"法身大士"），以方便力，现种种身，利济众生，那就不是常人的境界，成为大乘佛弟子的信仰对象。

（录自《华雨集》二，98—99 页，本版 63—64 页。）

一　空与慈悲

菩萨道源于释尊的本教，经三五百年的孕育长成，才发扬起来,自称大乘。大乘教虽为了适应时机而多少梵化,然而它的根本原理,到底是光华灿烂,能彻见佛法真髓的!

先从空与慈悲来说明菩萨道。空,是《阿含》本有的深义,与菩萨别有深切的关系。佛曾对阿难说:"阿难! 我多行空。"(《中含·小空经》)这点,《瑜伽论》(卷九〇)解说为:"世尊于昔修习菩萨行位,多修空住,故能速证阿耨多罗三藐三菩提,非如思惟无常苦住。"这可见菩萨是以修空为主的,不像声闻那样的从无常苦入手。《增一含·序品》也说:"诸法甚深论空理,……此菩萨德不应弃。"如从缘起的三法印的深义说,无常即无有常性,本就是空的异名。但一般声闻弟子,对于无常故苦的教授,引起厌离的情绪极深。声闻、辟支佛们,不能广行利济众生的大事,不能与释尊的精神相吻合。他们虽也能证觉涅槃空寂,但由于厌心过深,即自以为究竟。声闻的方便适应性,限制了释尊正觉内容的充分开展。佛从菩萨而成,菩萨的观慧直从缘起的法性空下手,见一切为缘起的中道,无自性空、不生不灭、本来寂静。这样,才能于生死中忍苦而不急急地自了,从入世度生中向于佛道。

与戒律有关的慈悲,声闻也不能说没有的。但佛灭百年,已被歪曲为粗浅的了(《四分律》七百结集)。声闻者不能即俗而真,不能即缘起而空寂,以为慈悲等四无量心但缘有情,不能契入无为性。不知四无量心是可以直入法性的,如质多罗长者为那伽达多说:无量三昧与空三昧、无相三昧、无所有三昧,有差别义,也有同一义。约"无诤"义说,无量与无相等,同样是能空于贪、嗔、痴、常见、我、我所见的(《杂含》卷二一·五六七经)。从空相应缘起来说，由于有情无自性，是相依相缘相成，自己非独存体，一切有情也不是截然对立的，所以能"无怨无嗔无恚"。了达有情的没有定量性，所以普缘有情的慈悲——无缘慈，即能契入空性。四三昧中，三三昧即三解脱门，依三法印而成观；无量三昧，即是依苦成观。观一切有情的苦迫而起拔苦与乐的同情，即"无量心解脱"。由于声闻偏重厌自身苦，不重愍有情苦；偏重厌世，不能即世而出世，这才以无量三昧为纯世俗的。声闻的净化自心，偏于理智与意志，忽略情感。所以德行根本的三善根，也多说"离贪欲者心解脱，离无明者慧解脱"，对于离嗔的无量心解脱，即略而不论。声闻行的净化自心是有所偏的，不能从净化自心的立场成熟有情与庄严国土；但依法而解脱自我，不能依法依世间而完成自我。这一切，等到直探释尊心髓的行者，急于为他，才从慈悲为本中完成声闻所不能完成的一切。

德行是应该均衡的、和谐的扩展，不能如声闻行那样偏颇。如针对厌离情深的声闻，应重视大悲的无嗔。对于不善根的根治，也认为贪欲是不善的，但不是最严重的。贪欲不一定厌弃有情，障碍有情，世间多少善事，也依贪爱而作成；惟有嗔恚，对有情缺乏同情，才是最违反和乐善生的德行，所以说"一念嗔心起，八万障门开"。恶心中，没有比嗔恚更恶劣的。菩萨的重视慈悲，也有对治性。论理，应该使无痴的智慧、无贪的净定、无嗔的慈悲，和谐均衡地扩展到完成。

（录自《佛法概论》，245—248页，本版166—168页。）

二　从声闻到菩萨

佛法,从一般恋世的自私的人生,引向出世的无我的人生。这有不可忽略的两点,即从家庭而向无家,从自他和乐而向自心净化。其中,出家的社会意义,即从私欲占有的家庭,或民族的社会关系中解放出来。这一出家,从离开旧社会说,多少带点个人自由主义的倾向;如从参预一新的社团说,这是超家族、超国界的大同主义。声闻的出家众,虽有和乐——自由、民主、平等僧团,但限于时机,乞食独身的生活,在厌世苦行的印度思潮中,偏重于"己利"的个人自由。出家的社会意义,是私欲占有制的否定,而无我公有的新社会,当时还不能为一般所了解,只能行于出家的僧团中,戒律是禁止白衣旁听的。但彻见佛法深义的学者,不能不倾向于利他的社会和乐。菩萨入世利生的展开,即是完成这出家的真义,做到在家与出家的统一。这是入世,不是恋世,是否定私有的旧社会,而走向公共的和乐的新社会。同样的,一般人的自他和乐,道德或政法,基于私欲的占有制,这仅能维持不大完善的和乐。声闻者发现自我私欲的罪恶根源,于是从自他和乐而向自心净化的德行。然而净化自心,不但是为了自心净化,因为这才能从离欲无执的合理行为中,促进完成更合理的和乐善生。这样,菩萨又从自心净化而回复到自他和乐。从自他和乐中净化自心,从自心净化去增进自他和乐,实现国土庄严,这即是净化自心与和乐人群的统一。所以菩萨行的特点,是透出一般人生而回复于新的人生。

　　菩萨行的开展，是从两方面发展的：一、从声闻出家者中间发展起来。起初，是"外现声闻身，内秘菩萨行"；自己还是乞食、淡泊、趣寂，但教人学菩萨，如《大品经》的转教。到后来，自认声闻行的不彻底，一律学菩萨，这如《法华经》的回小向大。现出家相的菩萨，多少还保留声闻气概。这称为渐入大乘菩萨，在菩萨道的开展中，不过是旁流。二、从声闻在家信众中间发展起来。在家众修行五法而外，多修六念与四无量（无量三昧能入真，也是质多长者说的），这都是大乘法的重要内容。如维摩诘、善财、常啼、贤护等十六大士，都从在家众的立场，努力于大乘思想的教化。这称为顿入大乘的菩萨，是菩萨道的主流。新的社会——净土中，有菩萨僧，大多是没有出家声闻僧的；天王佛成佛，也是不现出家相的。印度出家的释迦佛，仅是适应低级世界——其实是印度特殊的宗教环境的方便。佛的真身，是现在家相的，如维摩诘，"示有妻子，常乐梵行"；常啼东方求法，也与女人同车。这是从悲智相应中，做到了情欲与离欲——情智的统一。声闻的出家者，少事少业，度着乞食为法的生活。佛法为净化人类的崇高教化，度此淡泊精苦的生活，不是负社会的债，是能报施主恩的。换言之，真能修菩萨行，专心为法，过那独身生活，教化生活，当然是可以的。然而，菩萨行的真精神，是"利他"的。要从自他和乐的悲行中去净化自心的，这不能专于说教一途，应参与社会一切正常生活，广作利益有情的事业。如维摩诘长者的作为，如善财所见善知识的不同事业：国王、法官、大臣、航海者、语言学者、教育家、数学家、工程师、商人、医师、艺术家、宗教师等，这些都是出发于大愿大智大悲，依自己所作的事业,引发一般人来学菩萨行。为他利他的一切,是善的德行,也必然增进自己,利益自己的。利他自利,在菩萨行中得到统一。

(录自《佛法概论》,248—251 页,本版 168—170 页。)

※　　　　※　　　　※　　　　※

佛法有出家与在家的两类。有以为佛法是出家人的,或出家众是特别重要的。其实,约大乘平等义说,学佛成佛以及弘扬正法、救度众生,在家与出家,是平等平等的。像本经的胜鬘夫人就是在家居士,她能说非常深奥、圆满、究竟的法门。若说大小乘有什么不同,可以说:小乘以出家者为重,大乘以现居士身为多。维摩居士,中国的学佛者都是知道的,他是怎样的方便度众生呀!考现存的大乘经,十之八九是以在家菩萨为主的,说法者不少是在家菩萨,而且也大多为在家者说。向来学佛者,总觉得出家胜过在家,然从真正的大乘说,胜过出家众的在家众多得很。有一次,文殊与迦叶同行,文殊请迦叶前行说,你是具戒、证果了;迦叶转请文殊先行说,你早已发菩提心领导众生了:结果是文殊先行。发菩提心的大乘学者,虽是在家众,也是被尊敬的。从佛教的史实上看:晋时法显去印度时,见到华氏城的佛教多亏了一位在家居士罗沃私婆迷的住持。唐时玄奘到印度去,先在北印度,从长寿婆罗门学中观;次到中印度,跟胜军论师学瑜伽。近代中国,如杨仁山居士等,对佛教的贡献及影响就很大。小乘说,出家得证阿罗汉果,在家就不能得;以大乘佛法说,一切是平等的。反之,佛在印度的示现出家相——丈六老比丘,是适应印度的时代文明而权巧示现的，不是佛的真实相。如佛的真实身——毗卢遮那佛，不是出家而是在家相的。不以出家众为重，而说出家与在家平等，为大乘平等的特征之一。

（录自《胜鬘经讲记》，2—3 页，本版 2 页。）

三　趣入大乘的不同根性

二乘的学者，也是会发菩提心而入大乘道的：有的初学声闻行，不曾决定，就转学大乘；有的在声闻中已得决定（忍位），或是已证入法性而得初果（须陀洹）以上的；有的已证第四阿罗汉果的；也有入了无余涅槃，再发大心的。从佛法唯是一乘道来说，小乘本是大乘方便道，当然迟早要入大乘道的。但在小乘行者的见地上，起初却不免有点隔碍。拿阿罗汉果来说，他们自觉得"我生已尽，梵行已立，所作已作，自知不受后有"；已经到了学无可学，进无可进的地步。佛是阿罗汉，他们也是阿罗汉；佛得解脱，他们也得解脱。自以为究竟了，那当然一时不想修习大乘道，于大乘毫无兴趣。然而，佛不是修菩萨行，广度众生而成佛的吗？佛为什么不教声闻行者修菩萨行成佛，却叫大家修自利行而了生死呢？这是一大疑问。同样的证入法性，同样的解脱生死，声闻阿罗汉果真的什么都与佛平等吗？比较起来，真是"天地悬隔"了！所以在事实的经验中，在佛的善巧教导中，阿罗汉们不免要从自惭而到自怨，终于撤除了自以为究竟的心理障碍，发菩提心，重行走向佛道了！

有的是自己心生惭愧,觉得自己有所不知,不能如佛那样的遍知一切。《大毗婆沙论》说:佛曾与弥勒菩萨等说法,阿罗汉们都不能了解。从前,有人到祇洹精舍来出家,阿罗汉们观察他的根机,一点善根都没有,这是不适宜出家的,出家也不能获得教证功德的。大家不肯度他,佛却度了他出家,不久就证了阿罗汉果。大家觉得希奇,佛说:此人在无量劫以前,曾经因为虎难而口称"南无佛",凭这归向佛的功德善根,现在才成熟而得度。这可见,在佛智慧的深彻与广大面前,阿罗汉们的智慧,简直如日光下的萤光了! 还有,自己心生惭愧,觉得自己有所不能,不能如佛菩萨那样的大能。如舍利弗说:"呜呼深自责,云何而自欺! 我等亦佛子,同入无漏法,不能于未来,演说无上道。"其实,阿罗汉们不能的事太多了,如菩萨法的"游戏神通,净佛国土,成就众生"等。还有,自己心生惭愧,觉得自己虽说断尽了烦恼,而事实证明,还是有所不清净的。如大树紧那罗王弹琴,年高德劭的大迦叶,竟然情不自禁地手舞足蹈起来。迦叶说:我虽能远离世间的欲乐,但菩萨法的微妙欲乐,还有所染著呢! 又如天女散花,花到菩萨身上,不曾系著;而落到声闻阿罗汉身上,却系著了,这证明了内心的有所染著。又如小鸟通过舍利弗的身影,还不免"余悸";而通过佛的身影,就一些恐怖都没有了。阿罗汉们是"不断习气"的;这种习气,便是菩萨所要断的烦恼。所以在事实的经验中,自己感觉到有所不知,有所不能,有所不净,不免要自己惭愧,自己埋怨自己。一经佛的善巧教化,阿罗汉们就会回自利的小心,发菩提心,而入于自利利他的大乘道了。

发心向大乘道,并非一定要经历小乘圣者的果证;相反的,修学大乘法的主机,都是直从凡夫地而发心修学的。引起发心的因缘,种种不同:有的是亲见如来(及菩萨)的色身相好而发心的;有的是见如来的神通威力而发心的;也有见如来法会的庄严,听如来的圆音教化而发心的。有的生在佛后,听见佛弟子的教化,或诵读佛经的深义而发心的。或有自动的,也有被劝而发心的。发菩提心,主要是以佛菩提为理想而誓愿希求。着重在佛德的崇高深妙而发心愿求,当然是发菩提心的主要内容。但如缺少了另一要素——悲愿,那不是不圆满的,就是容易退堕的。经上说:"菩萨但从大悲生";所以发菩提心,也是"发心为利他,欲(求)正等菩提"。这样,前面所说的,不太着重悲愿的发心,可知是容易退失的发心了。着重于悲愿而发心,略有二类:一、不忍圣教(就是佛法)的衰微,着重于护法而发心:知道三宝的殊胜功德,有救人救世、引生世出世间善法的力量。可是生在像末,佛法衰落不堪,为教内教外的邪恶所娆乱,不能达成救人救世的任务。知道这唯有发菩提心,上求下化,才是复兴佛教、利乐众生的唯一办法。这样,就以不忍圣教的衰微为缘,而起大悲心,依大悲心而引发大菩提愿。二、不忍众生的苦迫,着重于利生而发心:或有生在时势混乱、民生艰苦的时代,想予以救济,而自己却没有救护的力量。深细地考究起来,知道唯有学佛成佛,才能真正地救度众生的苦迫。这样,以不忍众生的苦恼为因缘,起大悲心,依大悲心而引发上求下化的菩提心。这二类发心,是出于深刻的智慧及悲愿而自发的,所以是坚强有力,容易成就。真能这样的依悲愿而发心,就能从凡夫地而趣入大乘道了。

　　我们这个时代,佛法是这样的衰落,人生是这样的苦恼,真正发菩提心的,应该是时候了!

　　趣入佛道的圆满菩提心,应有信愿、慈悲、智慧——三德。但初学的发心趣入,由于根性的不同,对此应修的三德,不免会有所偏重。如偏重而不是偏废,那是不碍进入大乘道的,所以龙树释《般若经》说:"菩萨以种种门入佛道:或从悲门,或从智慧精进门入佛道。"又说:"是般若有种种门入:若闻持乃至正忆念者,智慧精进门入;书写供养者,信及精进门入。"如统摄初学的趣入佛道不同,不外乎或以信愿入、或以智慧入,或以悲心入的三大类。其中重智慧而从智慧门入的,如说:"是菩萨但分别诸经,诵读,忆念,思惟分别诸法,以求佛道。以是智慧光明自利益,亦能利益众生。"这是智增上菩萨,近于声闻的法行人,着重于闻思修慧的自修化他。重悲而从悲门入的,如说:"菩萨有二种:一者,有慈悲心,多为众生";也就是上面引述的"从悲门入"的菩萨。着重慈悲,这是不共二乘的根机,也可说是大乘特有的菩萨风格,名为悲增上菩萨。重信愿而从信愿门入的,也可有种种;信愿修学净土易行道的,是其中的一类。如说:"二者,多集诸佛功德,乐多集诸佛功德者,至一乘清净无量寿世界。"这是信增上菩萨,如声闻的信行人一样。在初学时,有此三类的不同;因为习以成性,所以直到地上,虽一定是三德齐修,但也还流露不同风格的,如观音悲、文殊智、普贤愿等。如约根性来分别,贪行人是悲增上的,嗔行人是智增上的,痴行人是信愿增上的。

　　约所依的身行而趣入佛道来说,就有或依声闻行入佛道的,或依天行入佛道的,或依人行入佛道的三类。这本是大乘经所说的,但经太虚大师的判摄——正法时期,多依声闻乘行而入大乘;像法时期,多依天乘行而入大乘;末法时期,多依人乘行而入大乘——意义更充分地显示出来。其中依声闻乘而入佛道的,依经论所说,都是先修声闻(缘觉)乘法,或没有证果,或已经证果,然后回心而向佛道的。专修声闻行的,有些自以为究竟,但利根深智的行者,早是"内秘菩萨行,外现是声闻",不等佛的开权显实,心已安住大乘道了。依天乘行而入佛道的,又有二类:一、净土行者,专心一意地求生天净土,然后在净土中,渐修佛道。但依《观经》所说:上品利根,早是发菩提心,读诵大乘,解法空性。所以一登净土,不久就能彻悟无生,回入娑婆来广行菩萨道。二、秘密行者:着重修(欲)天色身,就是以金刚夜叉为本尊,修成持明仙人,然后久住世间,修行佛道。虽然,"劣慧所不堪,为应彼等欲,兼存有相说",而有些就专在修精练气的色身上作活计。而利根是:菩提心相应,大慈悲为根本,以方便而至究竟的。依天乘行而向佛道的二类,都重于瑜伽或三昧;定,本为天乘行的特质。但以此普摄初机,也只能口头诵持——持咒称名而已。依人乘行而入佛道的,就是发菩提心,修十善行,不废人间正行,广修人间安国利人的正业。但以此普及初机,大乘的外凡夫位,实等于人间的君子、善人。

如来的出现人间,教化人类,本意是令人开、示、悟、入佛之知见。所以依人菩萨行而向佛道,不但是适应时代的机感,也实在是佛乘的根本坦道。

趣入大乘的修学者,一向分为直入菩萨、回入菩萨二类。直入是直向菩萨道的;回入是先修别道,然后转入大乘道的。二乘的回心向大,如《法华经》的开权显实,便是回入大乘的确证。与直入或回入相应的教法,就是实说及方便说了。佛为什么不直示大乘道,不普为一切众生说佛乘,而要说方便教呢?佛说方便教,是有非常意义的。因为不说方便的诱化,他是不能进入佛道的。如小乘的经历修证,会发觉还有不知、不能、不净的,就能受佛的教化,回向佛道。而且小乘证果,到底生死已了,不必再为生死流转而忧虑了。所以,方便说是值得尊重的!

在大乘教中,也是有方便说的,这叫做"异方便",即"胜方便"。有些人,虽不是厌患生死的二乘根性,而趣入大乘,也还有点障碍。因此佛说殊胜的方便,以净乐国土、净乐色身的法门来化导,这就是"先以欲钩牵,后令入佛智","以乐得乐"的法门。如真能往生净乐国土,也就不必再忧虑退堕;在佛菩萨的教导下,可以发菩提心而入佛道了。如真能修得净乐色身,也可依此天色身,深修胜慧了。所以佛出人间而教化人类,虽本意在即人乘而向佛道(即人成佛),但为了适应众生,不能不善施方便。或为厌苦根性,说依声闻行而回入大乘的教说;这大都是智慧增上的,重于自力的。或为欲乐的根机,说依天行而入大乘的教说;这大都是信愿增上的,重于他力的。如来双开权实二门,这才能使一切众生同归佛道。

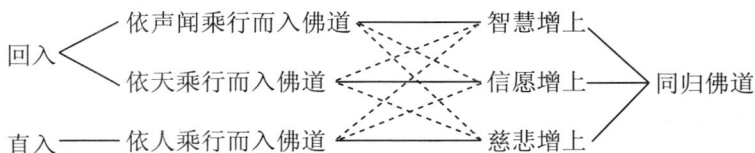

(录自《成佛之道》,246—256 页,本版 168—175 页。)

　　　　　　※　　　　※　　　　　※　　　　　※

　　佛法中，人天乘是恋世的，耽恋着世间欲乐，没有出世解脱的意向。小乘与人天法相反，视"三界如牢狱，生死如冤家"，急切地发厌离心，求证解脱。出世，不是到另一世界去，是出三界烦恼，不再受烦恼所系缚，得大自在的意思。佛说小乘出世法，是适应隐遁与苦行根性的。出世总比恋世好，不会因贪恋世间的物欲、权力，将大地搅得血腥薰人。至少能不贪、不嗔，养成社会上淳朴恬淡的风气。大乘菩萨可不同了，菩萨是出世而又入世，所谓"以出世精神，做入世事业"。大乘法中，在家菩萨占绝大多数。在家菩萨常在通都大邑，人烟稠密的地方，利益众生，弘通佛法。如《华严经·入法界品》、《维摩诘经》、菩萨《本生谈》，都显著地记载那些在家菩萨在社会上现身说法的种种情形。大乘菩萨道的伟大，全从入世精神中表达出来。菩萨为大悲愿力所激发，抱着跳火坑、入地狱、救济众生的坚强志愿。与人天的恋世不同，与小乘的出世也不相同。菩萨入世的作风，在现代恋世的常人看来，非常亲切，要比二乘的自了出世好得多！近代由于物质文明的发达，由"纵我制物"而发展到"徇物制我"，迷恋世间物欲的风气特别强，压倒了少欲知足、恬澹静退的人生观。此时而以人天法来教化，等于以水洗水，永无出路。如以小乘法来教化，又是格格不入。唯有大乘法——以出世心来做入世事，同时就从入世法中摄化众生向出世，做到出世与入世的无碍。菩萨行的深入人间各阶层，表显了菩萨的伟大，出世又入世，崇高又平常。也就因此，什么人都可渐次修学，上求佛道。

时代倾向于恋世，唯有大乘的入世，才能吻合现代的根机，引发广泛的同情，而渐化贪嗔的毒根。同时，现代也不容许佛徒的隐遁了。从前天下大乱，可以到深山去，辟土开荒，生活维持下去，佛法也就延续下去。如山西的五台山、陕西的终南山，每逢乱世，出家人都前往避乱专修。现在的情形不同，不但不同情你的遁世，就是隐入深山，也会被迫而不得不出来。城市与山林，将来并无多大差别。隐遁山林的佛教，是一天天不行了。其实，佛教本来是在人间的，佛与弟子不是经常地"游化人间"吗？大乘是适合人类的特法，只要有人住的地方，不问都会、市镇、乡村，修菩萨行的，就应该到处去做种种利人事业，传播大乘法音。在不离世事、不离众生的情况下，净化自己，觉悟自己。山林气息浓厚的佛教，现代是不相应的。应把这种习气纠正过来，养成不离世间的大乘胸襟，决不宜再走隐遁遗世的路子。中国佛教的崇尚山林，受了印度佛教中一分苦行瑜伽僧的影响，到中国来，又与老、庄的隐退思想相融合，这才使二千年来的中国佛教，与人间的关系，总嫌不够紧密。现在到了紧要关头，是不能不回头恢复佛教的真精神，深入人间的时候了！

（录自《佛在人间》，116—118 页，本版 78—80 页。）

四　不同根性的菩萨及其行践

人乘是侧重施戒的，天乘又加禅定；出世法再加无我慧。当时出世法，虽可说全部是声闻乘，但也还偶有菩萨，菩萨是侧重

利他的。在一般声闻弟子看来,菩萨虽在僧中持戒,但"不修禅
定,不断烦恼"。所以声闻是侧重因定发慧的,菩萨是注重布施
持戒的。据初期佛教的解说,在智慧上讲,声闻、菩萨,都是观察
无常而厌离世间的。总结起来作大体上的分别,人乘是世间乐
行者的改善;天乘是世间苦行者的救济;声闻、缘觉乘是引导苦
行者出世的;菩萨乘是引导乐行者出世的。从世间到出世的层
次上看,布施不如持戒,持戒不如禅定,禅定不如智慧。但从以
智慧为主的出世法看,那又声闻的戒定(自利的)不如菩萨的侧重
施戒(利他的)了。这一点,将成为佛教徒行践的尺度。

在复杂根性与不同的行践中,可以分为三大类。据龙树菩
萨说:一、一分钝根的菩萨,最初观察五蕴生灭无常不净,要久而
久之,才能观察一切法性空;这是"从无常入空……"的。这一
类大乘学者,经上说它"无数无量发菩萨心,难得若一若二住不
退者"。我们要知道:大乘菩萨,要修行六度、四摄去利他的;像
这样充满了厌离世间、生死可痛的心情,焉能克服难关,完成入
世度生的目的? 这样的学者,百分之百是退堕凡小的。二、一分
中根菩萨,最初发心,就观察一切法空不生不灭,这是中期大乘
依人乘而趣入佛乘的正机,是"从空入无生……"的。唯有理解
一切性空,才能不厌世间,不恋世间;才能不著涅槃,却向涅槃前
进。这样的大乘行者,"与菩提心相应,大悲为上首,无所得为
方便",去实行菩萨的六度、四摄行。它一面培养悲心,去实行
布施、持戒、慈忍等利他事业;一面理解性空的真理,在内心中去
体验。这需要同时推进,因为悲智不足去专修禅定就要被定力
所拘;不厚厚地培植布施、持戒、慈忍的根基,一心想证空,这是

邪空；如果智胜于悲，就有退堕小乘的危险。所以在悲心没有深切，悲事没有积集，它不求证悟；"遍学一切法门"，随分随力去利人。它时常警告自己："今是学时，非是证时。"三、一类利根的菩萨，它飞快地得无生忍，也有即身成佛的。龙树没有谈到从何下手，或者是从涅槃无生入佛道的。这根性的不同，性空论者的见解，既不是无始法尔生成的，也不像一分拙劣的学者，把钝根、利根看为初学与久学。根性的不同，在它"最初发心"以前，有没有积集福智资粮；成佛要度众生，要福德智慧，这不是可以侥幸的。钝根者(现在盲目的学者，称为利根)，几乎从来没有积集功德(悲事)，忽略利他而急求自证的习气异常强。因种过少分智慧，偶然的见佛发菩提心，但厌离的劣慧，使它立刻失败。这和丝毫无备、仓卒应战与优势的敌军硬碰，结果是全军覆没一样。那中根者，多少积集智慧功德；发心以后，它理解事实，采取任重致远的中道之行，不敢急求自证。悲心一天天地深切，功德也渐广大，智慧也同时深入，坦然直进，完成最高的目的。这像没有充分的准备，而事实上不得不应战，那必须采用消耗战，争取时间，稳扎稳打，歼灭敌人一样。那利根的，在未曾发心以前，虽没有机缘见佛闻法，却能处处行利他行，为人群谋幸福。福德广大了，烦恼也就被部分地折伏。因为入世利他，所以会遇见善友扶助，不致堕落。在世俗学术的研究中，也推论出接近佛法的见地。这样的无量世来利他忘己，一旦见佛闻法发菩提心，自然直入无生，完成圆满正觉了。这像充分预备，计划严密，实行闪电战一样。总之，根机的利钝，全在未发心以前的有没有准备，与正法的浅深无关。醍醐、毒药，并不是一定的。虽有这三类，钝根与小乘学者所说的相同,容易堕落。后一类,稀有稀有,所以无著世亲他们,也就不去说它。要学大乘行,自利利他,那唯有采取积集悲智,学而不证的正轨(前机急求自证失败,后机自然的立刻证悟,不是勉强得来)。或者认为非迫切的厌离(无常苦)自己的生死,它绝不能认识他人的苦痛,发大悲心去利人。他们的意见,非"从无常门入"不可,这是非常错误的。他如果愿意一读《诸法无行经》,就知道行径的各别了。"从空而入"的依人乘而进趣佛乘,不是贪恋世间,在性空的正见中,才能观生死无常而不致退失呀!从人类菩萨为主,转化为天身菩萨为主的,是后期佛教。在后期佛教的法会中,已少有小乘圣者参加的资格,除非它愿意转变。中期佛教大乘的菩萨,一分已不知去向,一分与印度群神合流。原来印度的诸天、龙、鬼、夜叉、罗刹它们,竟然都是诸佛菩萨的示现。因此,从诸天夜叉等传出的法门,虽然近于印度的外道,其实却说得特别高妙。

　　后期佛教,经过的时间很长,意见也不能一致。大体上,菩萨有钝渐之机;有从无常入空、从空入无生的渐机(后期的初阶段,也有只许这一类的),要三大阿僧祇劫才能成佛。有直入顿入的利机,这利机,虽有的主张直入无生,或直入佛道的,有的以为还是从无常来,不过走得快些;总之是速成的。时代的当机者,是利根,我们不妨看看它的行践。它是唯心的,唯心本是后期佛教的特征,因唯心的理论,与利他非神通不可的见解,我们认为一般的难行大行,不成其为波罗蜜多,因为它不得究竟。如果从定发通,最好体悟清净法相,真俗双运,才能一修一切修,一行一切行,在定中分身千百亿,度脱一切众生,它要急急地从事禅定的修习了！它又是速成的：前二期佛教，有一个原则，就是成就愈大，所需的时间事业愈多。声闻三生六十劫，缘觉四生百劫，菩萨三大阿僧祇劫；到中期佛教，达到"三僧祇劫有限有量"的见解。虽有顿入的，那是发心以前久久修习得来。这种但知利他，不问何时证悟的见地，在后期佛教中突变，就是法门愈妙，成佛愈快。"三生取办"、"即身成佛"、"即心即佛"，这当然适合一般口味的。它又是他力的："自依止，法依止，不余依止"，是佛法的精髓。中期佛教也还是"自力不由他"。诸佛护持，天龙拥护，也是尽其在我，达到一定阶段，才有外缘来助成。说明白一点，自己有法，它才来护，并不是请托帮忙。易行道的念佛，也只是能除怖畏，也是壮壮胆的。有人想找一条容易成佛的方法，给龙树菩萨一顿教训，怎么这样下劣的根性！然后摄它，教它念佛，后来再说别的行法，它说你不是教我念佛吗？龙树说：哪有单单念佛可为以成佛呢？但后期的佛教，受着外道的压迫，觉得有托庇诸天，其实是佛菩萨的必要。他力的顶点，达到要学佛，非得先请护法神不可。它又是神秘的；若行者感到人生无味，有点活不下去，实行厌离自杀。如来苦心孤诣，教他们念佛的功德相好，念天上的快乐，这在初期佛教也有。中期佛教，似乎要发达些，但还不出安心的范围。等到后期佛教，佛菩萨与诸天融成一体，不但求生净土是念佛，密宗的三密相应，修天色身，何尝不是念佛？佛与天既然是合一，印度神教的仪式与修行的方法，自然也可与佛法合一。茅草可以除罪业，牛粪可以涂地；尸骨大有用处；念念有词的真言，更是有不可思议的效力；看地理卜善恶；讲星宿定吉凶；求雨、求晴、求子、求财；烧护摩；修起尸法；"方便为究竟"。印度民俗的一切,在后期佛教中,无所不包,岂不圆融广大哉!它又是淫欲为道的,初期佛教的浓厚禁欲色彩,本是适应出家僧团的规则,并不是究竟谈;在家弟子不照样也可以悟道吗?不但说淫欲不障道,并且还是妙道,这至少也有点深奥。"先以欲钩牵,后令入佛智",在中期佛教里,是大地菩萨的随机适应。"淫怒痴即是戒定慧",也是在说佛法不离世间。后期佛教的佛与天统一以后,天有天女,佛菩萨也要明妃。"般若为母,方便为父"的圣教,索性用男女的关系来表现。适应遍行外道等淫欲为道的思想,渐渐地从象征的达到事实的。生殖器称为金刚、莲花;精血称为赤白菩提心;交合是入定;交合的乐触是大乐;男女的精血,称为灌顶;既可即身成佛,又可洋洋乎乐在其中,岂不妙极了吗?这唯心的、他力的、速成的、神秘的、淫欲为道的,后期佛教的主流,当然微妙不可思议!但"大慈大悲,自利利他"的大乘佛法,能不能在这样的实践下兑现,确乎值得注意。

　　这三期的佛教,都有菩萨,从他们的实践看来,初期是依小乘行(厌离为先)而趣入佛乘的;中期的主机,是依人乘行而趣入佛乘的;后期的主机,是依天(神)乘行而趣入佛乘的。环顾现实,探索佛心,我们应提倡些什么?有眼睛的当看!有耳朵的当听!

　　　　(录自《华雨集》四,102—109页,本版67—73页。)

五　菩萨道的三阶段

　　菩萨道所有经历的过程,可略分三个阶段:一、凡夫菩萨;

二、贤圣菩萨；三、佛菩萨。

第三阶段的菩萨，是证得大乘甚深功德，与佛相近似的。《楞伽经》说："七地是有心，八地无影像；此二名为住，余则我所得。"这是说：八地以上的菩萨，与佛的智证功德相近。《般若经》说第十地名佛地，龙树解说为：如十四夜的月与十五夜的月一样。所以虽还是菩萨地，也就名为佛地。这样的佛地大菩萨，是久修二阿僧祇劫以上所到，如文殊、观音等，初学是不容易学到的。第二阶段的菩萨，是已发菩提心，已登菩萨位，从贤入圣，修大悲大智行，上求下化——这即是三贤到八地的阶位。第一阶位，是新学菩萨，是凡夫身初学发菩提心，学修菩萨行。虽或是外凡夫，或已进为佛法内凡夫，菩萨心行的根柢薄弱，可能还会退失。《起信论》说：信心成就——发菩提心成就，才不退菩萨位而能次第进修。初学发菩提心，学修菩萨行的，是在修学信心的阶段。《仁王经》称此为十善菩萨，也即是十信菩萨。凡夫的初学菩萨法，还没有坚固不退时，都属于此。依经论说：这一阶段，也要修学一万劫呢！新学菩萨，要培养信心、悲心，学习发菩提心；乐闻正法，闻思精进，而着重以十善业为菩萨道的基石。这类菩萨，虽没有什么深定大慧，神通妙用，但能修发菩提心，修集十善行——菩萨戒，精勤佛道，已充分表示出菩萨的面目。这样的力行不息，积集福慧资粮，一旦菩提心成就，就可进入不退菩提心的贤位。

凡夫菩萨：十善，本是人乘的正法。初学菩萨而着重于十善业，即以人身学菩萨道的正宗。太虚大师宣说的"人生佛教"，即着重于此。大师平时，坦白地说：我是凡夫而学修发菩萨心

的。以人间凡夫的立场发心学菩萨行,略有两点特征:

一、具烦恼身:凡夫是离不了烦恼的,这不能装成圣人模样,开口证悟,闭口解脱,要老老实实地觉得自己有种种烦恼,发心依佛法去调御它,降伏它(慈航法师晚年,发愿离淫欲心,也就是真实的佛子模样)。有人说:如学佛的或出家大德,内心也充满烦恼,这怎能使人皈敬呢!这些人把烦恼看得太轻易了。依《大涅槃经》说:有四依菩萨,可以作为众生的依止(师)。初依,即具足烦恼的初学发心者。初依菩萨,对佛法的根本理趣有相当的正确体认;自己学修菩萨行,也能引导众生来学。他虽没有断除烦恼,但能摄化众生向于烦恼所不染的境地,所以能为大众作依止师。声闻法中也是这样,四果圣者能断烦恼,未断未证的顺解脱分、顺抉择分声闻行者,一样的能住持佛法,教化众生,为人间福田。凡依人身而学发菩提心,学修菩萨行,务要不夸高大,不炫神奇。如忽略凡夫身的烦恼覆蔽,智慧浅狭,一落装腔作势,那么如非增上慢人(自以为然),即是无惭无愧的邪命。依人身学菩萨行,应该循序渐进,起正知见,薄烦恼障,久积福德。久之,自会水到渠成,转染成净。

二、悲心增上:初发菩萨心的,必有宏伟超迈的气概。菩萨以利他为重,如还是一般人那样的急了生死,对利他事业漠不关心,那无论他的信心怎样坚固,行持怎样精进,决非菩萨种姓。专重信愿,与一般神教相近。专重修证,必定堕落小乘。初发菩提心的,除正信正见以外,力行十善的利他事业,以护持佛法、度众生为重。经上说:"未能自度先度他,菩萨是故初发心。"应以这样的圣训时常激励自己,向菩萨道前进。

有的人因误解而生疑难:行十善,与人天乘有什么差别? 这二者,是大大不同的。这里所说的人间佛教,是菩萨道,具足正信正见,以慈悲利他为先。学发菩提心的,胜解一切法——身心、自他、依正,都是辗转的缘起法;了知自他相依,而性相毕竟空。依据即空而有的缘起慧,引起平等普利一切的利他悲愿,广行十善,积集资粮。这与人乘法着重于偏狭的家庭,为自己的人天福报而修持,是根本不同的。初学发菩提心的,了知世间是缘起的,一切众生从无始以来,互为六亲眷属。一切人类,于自己都辗转依存,有恩有德,所以修不杀不盗等十善行。即此人间正行化成悲智相应的菩萨法门,与自私的人天果报完全不同。这样的人间佛教,是大乘道,从人间正行去修集菩萨行的大乘道;所以菩萨法不碍人生正行,而人生正行即是菩萨法门。以凡夫身来学菩萨行,向于佛道的,不会标榜神奇,也不会矜夸玄妙,而从平实稳健处着手做起。一切佛菩萨,都由此道修学而成。修学这样的人本大乘法,如久修利根,不离此人间正行,自会超证直入;如一般初学的,循此修学,保证能不失人身,不碍大乘,这是唯一有利而没有险曲的大道!

(录自《佛在人间》,100—104 页,本版 68—70 页。)

※　　　　※　　　　※　　　　※

对佛有了充分的信解,就得从十善菩萨学起。很多人对菩萨的名义不了解,多有误会。菩萨是印度话,菩是菩提,是觉悟的意思;萨是萨埵,就是众生的意思。所以,菩萨是求大菩提的众生。菩萨的程度不一,高的高,低的低。在一般人的心目中,听见菩萨,就想到文殊、普贤、观音、地藏顶高的大菩萨,其实凡发心成佛的,就是菩萨。佛与菩萨的分别是:佛是至高至上究竟圆满,如读书毕业了;菩萨是向上修学的学生。开始学的,如幼稚园生是学生;在小学、中学、大学以至研究院,也还是学生,差别只在学问的高低,而在修学的过程中是一样的。菩萨也是一样,有初发心菩萨,初学的与我们凡夫相同,只是能发菩提心,立成佛的大志愿。慢慢修学,到顶高的地位,如文殊、观音等。不要只记着大菩萨,觉得我们不能学。在学校里,由幼稚园一直学到研究院;菩萨也是由初发心菩萨学到大菩萨。现在讲最初修学的初心菩萨,与我们凡夫心境相近,切实易学。

一、大悲为菩萨发心——菩萨发心,当然包含了信愿、智慧,而重心在大悲心。有大悲心而后想成佛度众生的,就是菩萨。上面讲过,成佛,如没有慈悲心是不能达到的。就是能参究绝对真理,如没有大悲心,也还是落于小乘。所以菩萨的最要处,便是大悲心,见众生苦,好像是自己的苦痛,想方法去救度他们,才是菩萨心、佛种子。发心,是立志,时时起慈悲心,立下大志愿,不会忘失。此心发起,坚决不退,便登菩萨位。修发大悲心,方法很多,佛法里有"自他相易"法,把自己想作别人,把别人想作自己,这么一下,大悲心自然会发生起来。试问大家:心里顶爱的是什么? 你们一定回答是父母、夫妻、朋友、国家、民族。其实,佛说"爱莫过于己"。父母等,凡是没有损到自己利益的,当然能爱,否则就什么都不爱了。大家都以私心为爱自己而爱一切,假使能想到别人的苦痛等于自己的苦;不但爱人如己,而且以自己为他人,不专从自己着想,那才是真爱、真慈悲。自身有苦,谁也巴不得马上去掉它。别人的苦等于自己,怎能不动悲心,设法解除众生苦痛呢! 能有这种观念,大悲心自然生起来。大悲心发生,立愿成佛度众生,就是菩萨了。所以初学菩萨,并不一定有神通,或者身相庄严。但是单单立志发心还不够,必须以正行去充实它。

二、十善为菩萨正行:菩萨与凡人的分别,是发菩提心、行菩萨道。以菩提心去行十善行,是初学的菩萨,叫十善菩萨。十善,就是对治十恶的十种善行。不杀生就是爱护生命。不偷盗是不要非法得财,进而能施舍。不邪淫是不要非礼。不妄语是不说谎。不两舌是不挑拨是非,破坏他人的和合。不恶口是不说粗话骂人讥讽人,说不对也得好好说,不可说尖酸刻薄话。绮语是说得好听,而能引起杀、盗、淫、妄种种罪恶,就是诲盗、诲杀、诲淫的邪说,或者毫无意义,浪费时间。不绮语,是要说那些对世道人心有好处的话。不贪是应得多少就得多少,知足、少欲,不是自己的,不要妄想据为己有。不瞋恨是有慈心,不斗争。不邪见是学佛的要有正见,要相信善恶因果、前生后世、生死轮回、圣人境界——阿罗汉、菩萨、佛能了生死,不要起邪知邪见,以为人死了就完了。十善菩萨是初心菩萨,发大悲为主的大菩提心,要成佛度众生,依这十种善行去修学,可说人人能学。如说不会做,那一定是自己看轻自己。佛法说:人,要有健全的人格,就得从五戒、十善做起,十善便是人生的正行。如有崇高道德,能行十善,缺少大悲心,还只是世间的圣人,人中的君子。佛法就不同了,十善正行是以发大悲心为三的菩提心为引导的,所以即成为从人到成佛的第一步。

　　大家以佛为理想，发菩提心，修十善行。此外，如忏悔、发愿、礼佛、念佛以外，还要热心注重护法，把佛法当作自己的生命，不要以为我学佛就好了。如佛法受到损害，受到摧残，应为了自己的信仰、众生的慧命来护持。菩萨应行的甚多，现在不能广说。最后，我希望大家开始学这大乘的第一步，做一菩萨幼稚生，从发大悲心、修十善行学起。

　　（录自《佛在人间》，137—141页，本版93—95页。）

　　　　　※　　　　※　　　　※　　　　※

　　凡是菩萨到达了大菩萨的阶段，以慈悲为本，一切为了众生、救济众生，使得大家都能够脱离苦恼。我们平时都知道观世音菩萨救苦救难，这是特别注重其以悲心来度众生的意义。其实，任何一位大菩萨都是一样的，无不是寻声救苦，遍一切处。凡是任何众生蒙受其加被、教化乃至感应，都能得到种种利益，使得烦恼得到解脱，痛苦化为清凉。所以经上说大悲心长在菩提树上之后，一切众生，不论是人、天乃至声闻、缘觉等，都能感受到他的功德利益。譬如平时的求消灾等，即是较浅一层的功德；而消除烦恼、消除业障，乃至引导我们使得解脱等，即是深一层的功德。

　　一切的大菩萨，都是为众生所依止，教化众生、成熟众生；而众生则由于依止大菩萨的关系，得到了种种利益。《大般若经》上说到，因为世界上有菩萨，所以才有修大乘行、弘扬大乘者；即使是人天福报，也是由菩萨而来。佛出世时，众生可以供养三宝，做种种功德；在无佛之世，有许多菩萨，虽然并非现身在佛教之中,但是他们却能够以种种身份来领导众生行菩萨道。我们从经典之中,看到菩萨过去生中的种种本生因缘,而发现他们都是为众生之所依止,浅者为众生种下了人天福报,深者令他们得解脱乃至成佛。而从另一方面说,由于有菩萨才有佛,若没有菩萨,则何来成佛者?而亦必须有菩萨,才有声闻、缘觉。菩萨并非只以大乘法教化众生;我们常说"法门无量誓愿学",因为菩萨遇到了小乘根机,便以小乘法来教化他们,所以小乘法也是菩萨所应学的。因菩萨发心,无边众生能得到利益;许多大乘经都赞叹发菩提心、行菩萨行,只要一个人发心,将来对众生的利益是不可限量的。小乘行者并非没有功德,但与菩萨相较之下,则差得太多,因为无边众生将依止菩萨,积聚功德而走上解脱成佛之道,所以再多的阿罗汉,还不如有一真发菩提心者。

　　"菩萨"的意义,略为解释一下。菩萨即是印度语"菩提萨埵"的简称。凡是发勇猛大心、想追求无上大道者,即名为菩萨,其中包括了慈悲、智慧等等;简单地说,菩萨即是发心欲上求佛道下化众生者。平常我们说到四圣、六凡的十法界,其中把菩萨也划为一大类。但事实上,菩萨并不属于特定的一类。就众生而言,只有六类——地狱、饿鬼、畜生、人、阿修罗、天;各自随其业缘所感的,都不出于此六类,而菩萨也就示现在此六类众生之中,或现天、或现人、畜生等。而在小乘法中,小乘的圣人贤人,只属于人道与天道,在其他各道中是没有的。菩萨随其愿力于一切众生道中显现其身;或现身于鬼趣行菩萨行,或现身于畜生道中行菩萨道……就种类来说,这位菩萨应是属于鬼道或旁生道……但他所修的,却是菩萨行。如《十善业道经》中的龙

王,本经的紧那罗王便是;这是随愿往生的结果。所以我们可以
这么说:十法界乃是依其功德来划分,六道则是依其业报所感而
成,有人天果报的即生人天,有地狱果报的即生地狱。声闻、缘
觉只能生于人、天二道之中,因此即使他们证到了阿罗汉,在功
德上可谓是圣贤了,但在外表上却永远是人、天相;大菩萨随其
愿力化度众生,遍摄一切处,不论是善趣、恶趣皆得往生教化众
生,这就是大小乘的不同之处。从这里,我们可以发现它们在精
神上是不同的:大乘重悲心,小乘重自身。譬如有菩萨发愿到佛
法不兴之地,也许就会有人对他说:你到了那里,供养少了,还要
吃种种苦头,何苦呢? 但这却是大乘的精神,因为一个好的地
方,在你未去之前就已经很好了,那么即使你去,于众生又能增
添多少利益? 所以地藏菩萨"我不入地狱,谁入地狱",即是大
乘精神的充分发挥。在大乘经中表现这种精神的地方,真是太
多太多。因此菩萨悲心的表现,我们并不能够以其所现的外相
比我们差(如显现畜生、饿鬼等),或者以其所走的路、种种环境
际遇等,在我们眼中看来都不尽理想,我们就怀疑到为什么学佛
之后环境还是这么糟? 就大乘法来说,这些都是不一定的事,而
修行大乘者,应该让自己到达每一个苦恼的角落,在任何地方都
可以有大乘法的修行。

　　(录自《华雨集》一之《大树紧那罗王所问经偈颂
讲记》,10—14 页,本版 10—12 页。)

六　人菩萨行的真实形象

　　修学人间佛教——人菩萨行,以三心为基本,三心是大乘信

愿——菩提心,大悲心,空性见。

一、发(愿)菩提心:扼要地说,是以佛为理想、为目标,立下自己要成佛的大志愿。发大菩提心,先要信解佛陀的崇高伟大:智慧的深彻(智德),悲心的广大(悲德),心地的究竟清净(断德),超胜一切人天,阿罗汉也不及佛的圆满。这不要凭传说,凭想像,最好从释迦牟尼佛的一代化迹中,理解而深信佛功德的伟大而引发大心。现实世间的众生,多苦多难,世间法的相对改善当然是好事,但不能彻底地解决。深信佛法有彻底解脱的正道,所以志愿修菩萨行成佛,以净化世间,解脱众生的苦恼。依此而发起上求佛道、下化众生的愿菩提心,但初学者不免"犹如轻毛,随风东西",所以要修习菩提心,志愿坚定,以达到不退菩提心。

二、大悲心,是菩萨行的根本。慈能予人安乐,悲能除人苦恼,为什么只说大悲心为本?佛法到底是以解脱众生生死苦迫为最高理想的,其次才是相对的救苦。悲心,要从人类、众生的相互依存,到自他平等、自他体空去理解修习的。如什么都以自己为主,为自己利益着想,那即使做些慈善事业,也不能说是菩萨行的。

三、空性见,空性是缘起的空性。初学,应于缘起得世间正见:知有善恶,有因果,有业报,有凡圣。进一步,知道世间一切是缘起的,生死是缘起的生死。有因有缘而生死苦集(起),有因有缘而生死苦灭。一切依缘起,缘起是有相对性的,所以是无[非]常——不可能常住的。缘起无常,所以是苦——不安稳而永不彻底的。这样的无常故苦,所以没有我[自在、自性],没有我也就没有我所,无我我所就是空。空、无愿、无相——三解脱门:观无我我所名空,观无常苦名无愿,观涅槃名无相。其实,生死解脱的涅槃,是超越的,没有相,也不能说是无相。大乘显示涅槃甚深,称之为空(性)、无相、无愿、真如、法界等。因无我我所而契入,假名为空,空(相)也是不可得的。在大乘《空相应经》中,缘起即空性,空性即缘起,空性是真如等异名,不能解说为"无"的。这是依"缘起甚深"而通达"涅槃(寂灭)甚深"了。在菩萨行中,无我我所空,正知缘起而不著相,是极重要的。没有"无所得为方便",处处取著,怎么能成就菩萨的大行! 这三者是修菩萨行所必要的,悲心更为重要! 如缺乏悲心,什么法门都与成佛的因行无关的。《曲肱斋丛书》说到:西藏一位修无上瑜伽的大威德法门,得到了大成就,应该是成佛不远了吧! 大威德明王是忿怒相,这位修大威德而得大成就的,流露出凶暴残酷的神情,见他的都惊慌失措,有的竟被他吓死了! 这位大成就者原来没有修慈悲心。可见没有慈悲心,古德传来的什么高明修法,都不属于成佛因行的。菩提心、大悲心、空性见——三者是修菩萨行所必备的,切勿高推圣境,要从切近处学习起! 我曾写有《菩提心的修习次第》、《慈悲为佛法宗本》、《自利与利他》、《慧学概说》等短篇。

依三心而修行,一切都是菩萨行。初修菩萨行的,经说"十善菩萨发大心"。十善是:不杀生、不不与取[偷盗]、不邪淫(出家的是"不淫"),这三善是正常合理的身行;不妄语、不两舌、不恶口、不绮语,这四善是正常合理的语(言文字)行;不贪、不嗔、不邪见,这三善是正常合理的意行。这里的不贪,是不贪著财利、名闻、权力；不嗔就是慈（悲）心；不邪见是知善恶业报，信三宝功德；知道前途的光明——解脱、成佛，都从自己的修集善行中来，不会迷妄地求神力等救护。这十善，如依三心而修，就是"十善菩萨"行了。或者觉得：这是重于私德的，没有为人类谋幸福的积极态度，这是误会了！佛法是宗教的，不重视自己身心的净化，那是自救不了，焉能度人！经上说："未能自度先度他，菩萨于此初发心。"怎样的先度他呢？如有福国利民的抱负，自己却没有学识，或生活糜烂，或一意孤行，他能达成伟大的抱负吗？所以菩萨发心，当然以"利他为先"，这是崇高的理想；要达成利他目的，不能不净化自己身心。这就是理想要高，而实行要从切近处做起。菩萨在坚定菩提、长养慈悲心、胜解缘起空性的正见中，净化身心，日渐进步。这不是说要自己解脱了，成了大菩萨，成了佛再来利他，而是在自身的进修中，"随分随力"地从事利他，不断进修，自身的福德、智慧渐大，利他的力量也越大，这是初学菩萨行者应有的认识。

修人菩萨行的人间佛教，"佛法"与"初期大乘"有良好的启示。如维摩诘长者，六度利益众生外，从事"治生"，是从事实业；"入治政法"，是从事政治；在"讲论处"宣讲正法，在"学堂（学校）诱开童蒙"，那是从事教育了。"淫坊"、"酒肆"也去，那是"示欲之过"，"能立其志（不乱）"。普入社会，使别人向善、向上，引发菩提心，这是一位在家大菩萨的形象。善财童子的参访善知识，表示了另一意义。善财所参访的善知识，初三位是出家的比丘；开示的法门，是（系）念佛、观法、处众[僧]，正确的信解三宝，是修学佛法的前提。其他的善知识，比丘、比丘尼以外，有语言学者、艺术工作者、建筑的数学家、医师、国王、鬻香师、航海者、法官。总之，出家菩萨以外，在家菩萨是普入各阶层的；也有深入外道，以外道身份而教化外道入佛法的。善知识（后来又加了一些鬼神）们的诱化方便，都是以自己所知所行来教人，所以形成了"同愿同行"的一群；也就是从不同事业，摄化有关的人，同向于成佛的大道（我依此而写有《青年的佛教》）。以自己所作而教人的，《阿含经》已这样说：如修行十善，那就"自作"，"教他作"，"赞叹（他人）作"，"见（他人）作（而心生）随喜"，就是自利利人了。这是弘扬佛法的善巧方便！试想：修学佛法（如十善）的佛弟子，在家庭中能尽到对家庭应尽的义务，使家庭更和谐更美好，能得到家庭成员的好感，一定能诱导而成为纯正的佛化家庭。在社会上，不论是田间、商店、工厂……都有同一事务的人；如学佛者能成为同事中的优良工作者，知识与能力以外，更重要的是德性，不只为自己，更能关怀他人，有布施、爱语、利行、同事的表现，那一定能引化有缘的同事，归向佛道的。又如做医师的，为病人服务，治疗身病、心病，更为病人说到身心苦恼根源的烦恼病，根治烦恼病的佛道，从自己所知所行而引人学菩萨行，正是善财参访各善知识利他的最理想的方法！

　　从"初期大乘"时代到现在，从印度到中国，时地的差距太大。现代的人间佛教，自利利他，当然会有更多的佛事。利他的菩萨行，不出于慧与福。慧行，是使人从理解佛法，得到内心的净化；福行，是使人从事行中得到利益（两者也互相关涉）。以慧行来说，说法以外，如日报、杂志的编发，佛书的流通，广播、电视的弘法；佛学院与佛学研究所、佛教大学的创办；利用寒暑假，而作不同层次(儿童、青年……)的集体进修活动;佛教学术界的联系……重点在介绍佛法,祛除一般对佛法的误解,使人正确理解,而有利于佛法的深入人心。以福行来说,如贫穷、疾病、伤残、孤老、急难等社会福利事业的推行;家庭、工作不和协而苦痛,社会不同阶层的冲突而混乱,佛弟子应以超然关切的立场,使大家在和谐欢乐中进步。凡不违反佛法的,一切都是好事。但从事于或慧或福的利他菩萨行,先应要求自身在佛法中的充实,以三心而行十善为基础。否则,弘化也好,慈济也好,上也者只是世间的善行,佛法(与世学混淆)的真义越来越稀薄了!下也者是"泥菩萨过河"(不见了),引起佛教的不良副作用。总之,菩萨发心利他,要站稳自己的脚跟才得!

　　(录自《华雨集》四,57—63页,本版38—42页。)

二　学佛三要

一　信愿·慈悲·智慧

依人间善法而进修菩萨行,依一切大乘经论,特拈出三字为中心:

信——愿·精进

智——定·方便

悲——施·戒·忍

信为修学佛法的第一要着,没有信,一切佛法的功德不生。如树木的有根才能生长,无根即不能生长一样。智是解脱生死的根本,断烦恼、悟真理,都是非智慧不可。小乘法重视这信与智,而大乘法门格外重视慈悲。因为菩萨行以利济众生为先,如悲心不够,大乘功德是不会成就的,可能会堕落小乘。

经上说:"信为欲依,欲为勤依。"有了坚固的信心,即会有强烈的愿欲,也一定有实行善法的精进。这三者是相关联的,而根本是信心。如有人说某某法门最好,非此不了生死(如认为此外也有可以了生死的,那不行就不一定是不信),但并没有真实修持,这证明他并无信心,因为他没有起愿欲,发精进。如人生了重病,病到临近死亡边缘,听说什么药可以治,如病人真有信心,那他会不惜一切以求得此药的。如不求不服,那他对此药是并无信心的。所以愿与精进,依信心为基础,可说有信即有愿有勤行,无信即无愿无勤行的。智慧,可以摄定,深智是离不了定的。依定修慧,定是慧的基础。有了智慧,一切善巧方便都逐渐成就了。悲,是利他的动力。如损己利人的布施,节己和众的持戒,制己恕他的安忍,都是悲心的表现。依人乘行而学菩萨道,此三法即摄得六度四摄一切法门。启发信心,引生智慧,长养慈悲,实在是大乘道的根本法门!

信是信三宝、信四谛,凡是能增长信心的事情和言教,应多多去学习。依大乘经论所说,初学大乘法,首先要起发信心。这如念佛(菩萨)、礼佛(菩萨)、赞佛(菩萨)、随喜、供养、忏悔、劝请等,都是摄导初学、长养信心的善巧方便。见贤思齐,为人类向上的摄引力。孔子服膺西周的政治,时刻在念,连梦里都常见周公。学佛的要成佛作祖,当然要时时恭敬礼念诸佛菩萨,念佛、念法、念僧。能时时系念三宝,学佛成佛的信心,自然会成就。佛弟子在梦中定中见佛见菩萨,也就是信心深固的明证。同时,有真实信心的,一定是了解佛法的。了解佛法,才会确信非佛法不能利济自他。有悲心,大乘信才得坚固,这是依人法而修菩萨所必要的。如有悲与慧为助缘,信心培养得深厚坚固了,就能生起坚强的愿力,不问如何艰难,一定要学佛法,也一定要护持佛教。孔子说:"民无信不立",世事尚要依信心而成就,何况修学即世间而出世间的佛法?为了自悟悟他,非学智慧不可。

对于经论的义理,非要理解个透彻。但是慧学的阅读经论、听闻开示,只是慧学的资粮。主要是于佛法起正知见,了解佛法的真了义,依着进一步的思惟修习,引发甚深的智慧。这是为了学佛,不是为了做一佛教的学者。说到悲心,本来什么人都有一点。如儒家的仁、耶教的爱,只是不够广大,不够清净。佛法的四无量心——慈、悲、喜、舍,就是要扩充此心到无量无边,普被一切。初发大乘菩提心的,可从浅近处做起,时常想起众生的苦处,激发自己的悲心。儒家有"见其生不忍见其死,闻其声不忍食其肉",是从恻隐心中流出。大乘法制断肉食,彻底得多,但也是为了长养慈悲心种。由此养成悲悯众生的同情,才能发扬广大,实践救济众生的事业。总之,如能着重启发信心,引生正智,长养慈悲,大乘圣胎也就渐渐具足,从凡入圣了!

信——庄严净土

智——清净身心

悲——成熟有情

信、智、悲三法,如学习成就,就是菩萨事业的主要内容。信(愿)能庄严净土,这或是往生他方净土,或是庄严创造净土,如法藏比丘。这都是由于深信佛身佛土功德,发愿积集功德而成。智能清净身心,悟真理时,断一切烦恼。得了正智,自然能身口意三业清净,举措如法。悲能成熟有情,即是实施救济事业。菩萨的方便摄化,或以衣食等物质来救济;或在政治上,施行良好政治,使人类享受丰富自由的幸福。十善以上菩萨,每现国王身,如大乘经所说的十王大业。但菩萨的救度有情,重在激发人类向上的善心,循正道而向乐果。所以如有人天善根的,就以人天法来化导他。如有二乘善根的,以二乘法来度脱他。有佛种性的,就以大乘法来摄化,使他学菩萨行,趋向佛果。这些,都是菩萨悲心悲行所成就。菩萨道的三大事,就从起信心、生正智、长大悲的三德中来。所以,由人菩萨而发心的大乘,应把握这三者为修持心要,要紧是平衡的发展。切勿偏于信愿,偏于智证,或者偏于慈善心行,做点慈善事业,就自以为菩萨行。真正的菩萨道,此三德是不可偏废的!

（录自《佛在人间》,122—126页,本版82—85页。）

　　※　　　　※　　　　※　　　　※

　　佛法,非常的高深,非常的广大!太深了,太广了,一般人摸不清门径,真不知道从哪里学起。然而,佛法决不是杂乱无章的,自有它一以贯之的、秩然不乱的宗要。古来圣者说:一切法门——方便的,究竟的,方便的方便,究竟的究竟,无非为了引导我们趣入佛乘。或是回邪向正的(五乘法),或是回缚向脱的(三乘法),或是回小向大的(一乘法):诸佛出世,无非为了此"大事因缘",随顺众生的根机而浅说深说,横说竖说。所以从学佛的立场说,一切法门,都可说是菩萨的修学历程,成佛的菩提正道。由于不同的时节因缘(时代性),不同的根性习尚,适应众生的修学方法,不免有千差万别。然如从不同的方法而进求它的实质,即会明白:佛法决非万别千差,而是可以三句义来统摄的,统摄而会归于一道。不但一大乘如此,五乘与三乘也如此。所以今称之为"学佛三要",即学佛的三大心要,或统摄一切学佛法门的三大纲要。

　　什么是三要？如《大般若经》说："一切智智相应作意，大悲为上首，无所得为方便。"《大般若经》着重于广明菩萨的学行。菩萨应该遍学一切法门，而一切法门（不外乎修福修慧），都要依此三句义来修学。一切依此而学；一切修学，也是为了圆满成就此三德。所以，这实在是菩萨学行的肝心！古人说得好："失之则八万法藏冥若夜游，得之则十二部经如对白日。"

　　一、一切智智或名无上菩提，是以正觉为本的究竟圆满的佛德。学者的心心念念，与无上菩提相应。信得诸佛确实有无上菩提，无上菩提确实有殊胜德相，无边德用。信得无上菩提，而生起对于无上菩提的"愿乐"，发心求证无上菩提。这一切智智的相应作意，即菩提（信）愿——愿菩提心的别名。二、大悲，简要说为悲，中说为慈悲，广说为慈悲喜舍。见众生的苦痛而想度脱他，是悲；见众生的没有福乐而想成就他，是慈。菩萨的种种修学，从慈悲心出发，以慈悲心为前提。"菩萨但从大悲生，不从余善生。"没有慈悲，一切福德智慧，都算不得菩萨行。所以，大（慈）悲心，实在是菩萨行的心中之心！三、无所得是般若慧，不住一切相的真（胜义）空见。孕育于悲愿中而成长的空慧，不是沉空滞寂，是善巧的大方便。有了这，才能成就慈悲行，才能成就无上菩提果。所以，这三句是菩提愿、大悲心、性空慧，为菩萨道的真实内容，菩萨所以成为菩萨的真实功德！

　　从菩萨学行的特胜说，大菩提愿、大慈悲心、大般若慧，是超过一切人天二乘的。然从含摄一切善法说，那么人天行中，是"希圣希天"，对于"真美善"的思慕。二乘行中，是向涅槃（菩提）的正法欲——出离心。菩萨行即大菩提愿。又，人天行中，是"众生缘慈"。二乘行中,是"法缘慈"。菩萨行即"无所缘慈"。又,人天行中,是世俗智慧。二乘行中,是偏真智慧。菩萨行即无分别智(无分别根本智,无分别后得智)。从对境所起的心行来说,非常不同;如从心行的性质来说,这不外乎信愿、慈悲、智慧。所以菩萨行的三大宗要,超胜一切,又含容得世出世间一切善法,会归于一菩萨行。

法体	人天行	二乘	菩萨行
信愿——希圣希天……出离心…………菩提愿
慈悲——众生缘慈………法缘慈…………慈悲心
智慧——世俗智慧………偏真智慧………般若智

　　我们发心学佛,不论在家出家,都要从菩萨心行去修学,学菩萨才能成佛。菩萨行的真实功德,是所说的三大心要。我们应反省自问:我修习了没有? 我向这三方面去修学没有? 如没有也算修学大乘的菩萨吗? 我们要自己警策自己,向菩萨看齐!

　　(录自《学佛三要》,65—68 页,本版 43—45 页。)

二　菩提心的修习

(一) 菩提心是大乘法种

　　学佛法,以大乘法为最究竟,而发菩提心,则为大乘学者先修的课题。特别是在中国,一向弘扬大乘教,重视发菩提心。如早晚在佛前作三皈依,称念"体解大道,发无上心",即是希望大家应时刻不离地提起大乘的根本意念——发菩提心、自利利人。所以学佛同道见面时,每以发菩提心相勉,可见在大乘佛教的领域里,菩提心是怎样的被尊重!

菩提心是大乘佛法的核心,可以说,没有菩提心,即没有大乘法。尽管修禅、修慧、修密、做慈善事业,了生脱死,若不能与菩提心相应,那一切功果,不落小乘,便同凡夫外道。因此,如想成佛度众生,就必须发菩提心。发了菩提心,便等于种下种子;经一番时日,遇适当机缘,自然可以抽芽开花,结丰饶的果实。不但直入大乘是如此,就是回小向大,也还是发菩提心的功德。如《法华经》说:舍利弗等声闻弟子,起始只打算修学小乘法,但后来都能回小向大。关于此中原因,经里用巧妙的譬喻说:有一个穷人,在富有的朋友家中,当他饮得熏醉的时候,友人将一颗无价宝珠暗藏在他褴褛的上衣里。其后,他仍然过着潦倒的生活,友人告诉他说:你身上原有无价之宝,为何弄得这般穷苦!一经指出,这位穷汉就变成了富翁。这无价宝珠,就譬如菩提心。舍利弗他们,过去生中已发过菩提心,只因烦恼迷惑,历多生多劫的轮回生死,而把自身的大宝遗忘,反而希求声闻小法。但一经佛陀点出,即能不失本心,立刻转入大教。又经里说:发过菩提心的众生,即使时久遗忘而误入歧途,造作种种罪业,堕恶道中,也会比其他受罪者好得多。第一、他所感受的痛楚,较为轻微;第二、他的受报时间较短,易于出离苦道。菩提心,确如金刚宝石一般,完整者固然昂贵,即零星碎屑,也同样值钱。所以学佛者,只怕不发菩提心;不发菩提心,一切大乘功德,便都无从生起。

学佛者往往以为烧香、礼佛、诵经、供养,或修定、修般若等,便是行大乘法,修菩萨行了。不知就是禅定、般若,也还是共世间、通小乘之法呢! 这如世间外道,也能修得四禅、八定;而小乘行人,则依定修发般若以了生死。禅定为五乘共法,般若为三乘共学。单修禅定或般若,仅可获致生天或了生死,而不能成佛;若欲成佛,必发菩提心。有菩提心作根本,修禅即成大乘禅,修慧即成大乘慧,一切皆是佛道资粮。总之,菩提心就是大乘法种,哪一天撒下了这种子——发菩提心,哪一天即名菩萨(当然还不是大菩萨)。否则,虽修行千生万劫,来往此界他方,也不是菩萨,不是大乘法器。

(录自《学佛三要》,95—97 页,本版 62—63 页。)

(二) 菩提心的类别

说到菩提心,依大乘圣典的说明,有浅有深。据修学者的行证程序,大体可分为:

```
愿菩提心 ─────┐
             ├─世俗菩提心
行菩提心 ─────┘
        胜义菩提心
```

发菩提心,首先对于成佛度众生,要有信心,要有大愿。由于见到世间的恶劣,见到众生的苦恼,而深信有究竟圆满的佛果可证;也唯有修证成佛,才能净化世间,拯救一切众生。于是发广大愿,愿尽未来际,上求佛道,下化众生。由此信愿而发心,称愿菩提心,或信愿菩提心。有了信愿,还要能够实行,所以其次便是行菩提心,这主要是指受持菩萨戒法,菩萨戒一名菩萨学处,包括了一切自利利他大行,菩萨即以此无边戒行,实行菩萨道。此愿行二种菩提心,还是有漏心行,不出世间,故统名世俗菩提心。由此而更进一层的,名胜义菩提心,是大乘行者悟入无生法忍,证到真如实相。这真实智境,没有时空相,没有青黄赤白相,没有心识相,经中常说为不生不灭,非有非无,非此非彼,不可说,不可念等。世俗菩提心着重悲愿,胜义菩提心能不离悲愿而得智慧的现证。也可以说,愿菩提心重于起信发愿,行菩提心重于从事利他,胜义菩提心重于般若证理。这样,菩提心统摄着信愿、大悲、般若,确乎摄持了大乘法的心要。

（录自《学佛三要》,97—99 页,本版 64 页。）

　　　　※　　　　　※　　　　　※　　　　　※

　　真发菩提心,真修菩萨行,对于大乘要道的信愿、慈悲、智慧,即使有些偏重,也必然是具足的。因为离了大乘的信愿,会近于儒者的"仁"、"智"。离了大乘的慈悲,会同于声闻的"信"、"智"。离了大乘的智慧,大体会同于耶教的"信"、"爱"。真能表达佛教的真谛,成为人间的无上法门,唯有大乘菩萨行——信愿、慈悲、智慧的总和,从相助相成而到达圆修圆证。

　　三事是不可偏缺的,然在修学过程中,有着一定的进修次第;从重此而进向重彼,次第进修到完成的学程。从凡夫的心境而开始修学,一定要知道先后次第。如夸谈圆融,一切一切,只是口头爽快,事实会证明什么也不成就的。菩萨道的历程,经论说得很多,大体可分为二道——般若道、方便道。凡夫初学菩萨行,首先要发菩提心。发菩提心,才进入菩萨的学程,这是重于信愿的。发心以后,进入修行阶段。菩萨行,以利他为主,修集一切福德智慧,决不是但为自己,这是重于慈悲的。等到福智资粮具足,悲慧平等,这才能智证平等法性,那是重在般若(无生法忍)了。上来是菩萨般若道的进修过程——发心、修行、证得。般若的证入空性,在菩萨道的进修中,即是方便道的发心。这是胜义菩提心,信智合一,名为"证净"。此后,菩萨着重于度脱众生,庄严国土;着重于不离智慧的慈悲大行。到圆满时,究竟证得无上菩提——一切智智,也可说是智的证得。这是方便道的进修历程——发心、修行、智证。合此二道,一共有五位。这是菩萨进修的必然程序,值得我们学菩萨行的深切记取!

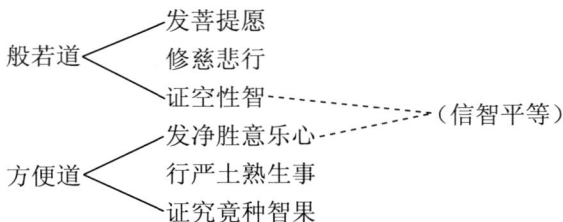

<pre>
            ┌ 发菩提愿
    般若道 ┤ 修慈悲行
            └ 证空性智 ┈┈┈┈┈┈┈┐
                                    ├ (信智平等)
            ┌ 发净胜意乐心 ┈┈┈┈┘
    方便道 ┤ 行严土熟生事
            └ 证究竟种智果
</pre>

　　(录自《学佛三要》,74—76 页,本版 49—50 页。)

　　二道,为菩萨从初发心到成佛的过程中所分的两个阶段。从初发心,修空无我慧,到入见道,证圣位,这一阶段重在通达性空离相,所以名般若道。彻悟法性无相后,进入修道,一直到佛果,这一阶段主要为菩萨的方便度生,所以名方便道。依《智论》说:发心到七地是般若道——余宗作八地,八地以上是方便道。般若为道体,方便即般若所起的巧用。

般若即菩提,约菩提说,此二道即五种菩提。一、发心菩提:凡夫于生死中,初发上求佛道、下化众生的大心,名发阿耨多罗三藐三菩提心,所以名为发心菩提。二、伏心菩提:发心以后,就依本愿去修行,从六度的实行中渐渐降伏烦恼,渐与性空相应,所以名为伏心菩提。三、明心菩提:折伏粗烦恼后,进而切实修习止观,断一切烦恼,彻证离相菩提——实相,所以名为明心菩提。这三种菩提即趣向菩提道中由凡入圣的三阶,是般若道。这时,虽得圣果,还没有圆满,须继续修行。明心菩提,望前般若道说,是证悟;望后方便道说,是发心。前发心菩提,是发世俗菩提心;而明心菩提是发胜义菩提心。悟到一切法本清净,本来涅槃,名得真菩提心。四、出到菩提:发胜义菩提心,得无生忍,以后即修方便道,庄严佛国,成熟众生;渐渐地出离三界,到达究竟佛果,所以名为出到菩提。五、究竟菩提:断烦恼习气究竟,自利利他究竟,即圆满证得究竟的无上正等菩提。

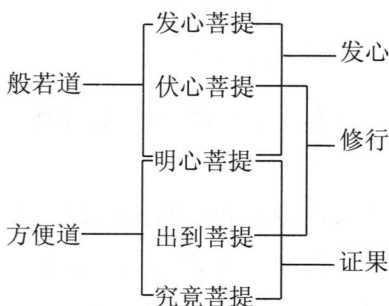

```
                    ┌─ 发心菩提 ─┐
                    │           ├── 发心
        般若道 ─────┼─ 伏心菩提 ─┘
                    │
                    ├─ 明心菩提 ──── 修行
                    │
        方便道 ─────┼─ 出到菩提 ─┐
                    │           ├── 证果
                    └─ 究竟菩提 ─┘
```

(录自《般若经讲记》,16—18 页,本版 13—14 页。)

※　　　※　　　※　　　※

这二道五位,也可总合为三:初一是发心,中三是修行(从悲行到智行,又从智行到悲行),后一是证果。然完备地说,这是从凡夫而到达佛果的过程,是三德的不断深化、净化,到达圆满。凡夫本是(愚妄的,有漏杂染的)意欲本位的。从凡夫地起信愿,经慈悲而入圣智。圣智也就是圣者的信愿(净胜意乐),这是经悲行的熏修、智行的净化,达到信智合一,为菩萨的信愿。依此菩萨的信愿(清净而还没有纯),再经慈悲广行的熏修,智慧的融冶,圆证得一切智智,也就是究竟的纯净的信愿。这才到达了智慧、慈悲、信愿的究竟圆满。从凡夫地,发心学菩萨行,无限深广,而实以此三为道的宗要。

(录自《学佛三要》,76—77 页,本版 50 页。)

(三)菩提心的尊胜

菩萨是修学大乘道的通称,从初学、久学到最后身菩萨,真是浅深万类。但一般人总是想到观音等大菩萨,这才不敢自称菩萨了。初发心菩萨,虽还没有大功德,可是已经是一切众生之上首;不但为凡夫,而且为二乘贤圣所尊敬了。经中比喻为:如王子初生,就为耆年的大臣所尊敬;狮子儿初生,就为百兽所畏敬;迦陵频伽鸟在毂中,音声已胜过了一切鸟类;新月的微明,就为人类所爱敬。菩萨发心以来,就是这样可尊可敬的,大菩萨们是更不必说了。为什么这样呢? 因为世出世间的一切功德,悉由菩萨而有的。这是说:世间善法,声闻、缘觉等善法,都依佛菩萨而有;佛功德也是依菩萨而有的——所以菩萨为一切善法的根源。以世间善法来说,如说:"菩萨受身种种,或时受业因缘身,或受变化身,于世间教化,说诸善法及世界法、王法、世俗法"等。有些修菩萨行而暂时失败了的,名"败坏菩萨,亦有悲心。治以国法,无所贪利;虽有所恼,所安者多,治一恶人以成一家"等。菩萨为一切善法的根源,可尊可敬,而菩萨是从发菩提心而来的。所以大乘经中,无边赞叹菩提心的功德,说他是"一切佛法种子"。

初发菩提心,重在立定上求佛道、下化众生的大誓愿,名为"愿菩提心"。广说如四弘誓愿:"众生无边誓愿度,烦恼无边誓愿断,法门无边誓愿学,无上佛道誓愿成。"但是发菩提心,并非偶然想起成佛利生,而是要一番修习,达到坚固成就的。菩提心的修习,为修学大乘道、趣入大乘道的第一要着。菩提心从慈悲心起:或是缘慈母的孝敬救度,扩大到愿度一切众生,而上求佛道;或是设想他人与自己一样,利济众生应如爱护自己一样,进修到愿意为利他而牺牲自己。修菩提心的动机、方法,近于儒家的仁道、恕道。但菩提心修习圆满成就,深广是与世间法大大不同的。这是大乘道的基石,修学大乘道的,应先多多地修学!

(录自《成佛之道》,260—262 页,本版 178—179 页。)

(四) 菩提心之本在悲

发菩提心,本是对于上成佛道、下化众生的大事,立下大信心、大志愿,所以以信愿为主体,以大悲及般若为助成。然这样的大信心、大志愿,主要从悲心中来,所以经上说:"大悲为根本";"大悲为上首";"菩萨但从大悲生,不从余善生"。菩提心的根本是悲心,而悲心的大用为拔苦。所以大乘菩萨道,也可说以救拔众生的苦难为特色。

众生的苦难,多至无量无边,而究其实,皆由自身所招感。譬如这个世界,国与国间,原可本着国际道义,互相扶济,互相尊重,从融洽互惠中求共存,大可不必打仗,使整个人类做着无谓的牺牲。可是事实不然,大家非弄到焦头烂额不可,这不是自找烦恼是什么! 大局面如此,小局面如家庭之间、朋友之间,甚而个人身心之间,也无不如此。由这一观点去考察,便可以得到一个结论,就是世间内莫不是苦。这就目前的事实说,那些贫穷的、没有办法的人,固然痛苦,就是许多富有的、很有办法的人,也一样苦痛无边。再扩大来说,人间是不彻底的,天上也不彻底,地狱、饿鬼、畜生,更不必谈。所以菩萨利生而着重救苦——悲心为怀。相传有常啼菩萨、常悲菩萨,即因见到众生大苦,而常为一切众生而悲伤。这表示菩萨的悲悯心重,也揭示了大乘法门的根本。

慈悲——与乐和拔苦,对这苦痛重重的世间而言,显然的,拔苦更为它所急需。如一块荒芜的园地,必先将那不良的荆棘杂草除去,然后播下好种,才有用处。众生的烦恼病太多,若不设法去其病根(也是苦因),一切快乐的施予,都不会受用。就像一个少年,习气不好,专交坏朋友,每天闲荡胡闹,搞到倾家荡产,衣食无着,为非作恶。你若想救他,单给他金钱资具,使他图得一时的舒适,是不够彻底的,甚至可能弄得更糟。因为根本问题还没有解决——他的性格、习惯，还未改正过来；也就是说，他的苦根还没有断除，这么给他好处，于他不会有什么实利。整个世界也都如此，若不除去种种的罪恶、苦痛，则人间虽有福乐，也是暂时的，不究竟的。所以佛教重视苦，重视救苦，好像是悲观、消极，其实佛教正因认识而把握了这个问题，才提供了彻底净化世间、满足众生真正安乐的办法。

（录自《学佛三要》，99—101 页，本版 65—66 页。）

（五）菩提心修习的前提

谈到修习菩提心，必须由浅而入深。从释迦佛陀所开示的，大菩萨们常用一种方法，一种程序，来完成他们的菩提心。这修学程序，共有七个阶段，即：知母，念恩，求报恩；慈心，悲心，增上意乐；菩提心。在这以前，还要先具两种观念：平等想和悦意相。

一、作平等想：对一切众生，应该存平等无差别想。这不但从"皆有佛性"的观点说，即在当前所见到的男女老幼，各色各样的人物，贤愚良莠，以及怨亲等等，原都彼此彼此，没有什么两样。现在之所以差别，只是一时的因缘不同而已。若放眼从累生历劫去看，那么一切众生，谁不曾做过我的父母、兄弟、姊妹、戚友？谁不曾做过我的仇敌冤家？若说有恩，个个于我有恩；若说有怨，个个于我有怨，还有什么恩怨亲疏可分别？再就智愚良莠来说，人人有聪明的时候，也有愚痴的时候；聪明的可能变愚痴，愚痴也可能转聪明。最坏的人，也曾做过许多好事，而且不会永远坏；好人，也曾做过许多恶事，将来也不一定好。如此反复思索,所谓怨亲、贤愚、良莠,这许多差别概念,自然就会渐淡,以至完全泯灭。不过这绝不是混沌,不是不知好坏,而是要将我们无始以来偏私的差别见,易以一视同仁的平等观念罢了。从前有一位比丘,见某外道颠三倒四的,加以讥笑。但佛警告这比丘说:你且别笑他,你尚未修到不退转,外道性还存在,将来也许跟他一样呢!这所以佛教要"不轻未学","不轻毁犯"。初学的人,可以由浅入深,渐成大器;即犯过者,也可能改好,甚至改得比寻常更好,当然也不可轻。从这意义说,个个贤愚一样,人人怨亲平等,不必骄傲,不必自卑,也不必为目前一点恩怨而生爱著或憎恶。如此保持着平衡安静的心境,依佛教的术语说,是"舍心"。

舍心一旦修成,偏私的怨亲意识便不复存在,对任何人都不会爱得发痴、发狂,也不会恨到切骨。一般说来,爱似乎并不坏,然从佛法去理解,则未必尽然。因为一般所谓爱,即使能多少有益于人,也是偏狭的、自私的,对广大众生而言,它不但无益,而且可能有害。大家知道,有爱必有恨,爱与恨似为极端相反的两种心理,其实只是人类同一染著烦恼的二面性。所以由爱生恨,由爱引致人间的大悲剧,是极寻常的现象。佛教所说的平等大悲,则是先去染爱,而对一切众生普遍地予以同情、救济。至于偏私的爱,是人类本来就有的普遍习性,用不着修学,现现成成,人人都会,如家庭之爱、男女之爱,哪个没有?严格地说,就因人人都有所爱,所以世间一切最残酷的仇杀斗争,才不断地发生。若人人放弃其所偏爱,等视一切众生,那么人类的苦难,相信可以逐渐地没有了。

二、**成悦意相**：修习菩提心，最基本的先决条件，是打破我们根深蒂固的差别观念，让自己与众生一体同观，没有嗔恨，没有爱念，可又不能是漠不相关。换句话说，不但应于一切众生作无分别想，而且还要对一切众生发生深刻而良好的印象，和谐而亲切的感情。但这不是私爱，是不带染著的欣悦心境，佛法称为"喜心"。若仅有舍心——平等观念，还是不能成就大悲而激发菩提心。这比方大街上有成千成万的男男女女，老老少少，穷的富的，美的丑的，而当我们走过时，不加注意，总是一律平等，没有什么好恶之感的。这当然可算是平等的无分别心，但这种无所谓的平等心，对于大悲的修学并不能发生有效作用。因为这完全是漠视一切，不关切众生。所以修习菩提心，既须等视一切众生，养成一视同仁的心境，又要能够关切一切众生，心中养成一团和气，一片生机。在平等的观念上，养成一种相关切、彼此和谐的情愫，对大乘悲心，菩提心的成就，是极端重要的！

（录自《学佛三要》，101—104 页，本版 66—68 页。）

（六）修习菩提心的所依——知母·念恩·念报恩

以下，说到知母等七重次第：

对于一切众生，从深切关怀而不失平等的心境中，引生一种意念，这意念就是知道一切众生都曾经是自己的母亲。在生死轮回中，一切众生都曾做过我们的亲密眷属，那是无可置疑的。佛经上说，每个人从无始来所喝过的母乳，比四大海水还要多呢！本来，父母对我们都有大恩，父母在儿女的心目中，应有同等的地位。但这里特重"知母""念母恩"。因以一般世情说，母恩似乎更重，如十月怀胎，三年乳哺，大部分的养育责任都落在母亲身上，所以母子之情最深。儿女若见母亲受苦，应感到切肤之痛。若不顾母亲的死活，那就算是忤逆不孝，世间的法律与舆情也不会容许。佛教视一切众生为父母，即是把一般关切父母的心扩大到一切众生。

不但佛教如此，即中国儒、墨二家，及西洋耶教等，也都以此为一切道德行为的根源。如儒家的德行，主要的是孝，故以孝为首善，以不孝为极恶。而德行的心理，主要是仁，仁的初意也就是爱敬父母，而后扩大起来。所以说："孝悌也者，其为仁之本欤。"儒家说仁，必从孝顺父母做起，若不能尽孝，似乎就没有仁可说。印度婆罗门和西洋耶教，他们不从如何孝父母出发，但却以天或上帝为一切之父。世间万物皆为上帝所造，上帝是人类最早的祖宗，所以每个人应当爱上帝，信奉上帝，这跟儿女与父母的关系一样。不但爱父母——神，体贴神的意思去爱世人，也等于爱兄弟姊妹。但人与神（上帝）成立于渺茫的神话，还不如中国儒家直约亲子的恩情来说，比较切实。不过儒家着重现生，忽略过去与未来，因此一般儒者都偏重家庭的仁孝，气魄不够大。佛教的德行，也基于亲子的关系，但通论到三世轮回，视一切众生为父母，所以悲悯心是着实而广大的，不同神教的渺茫，也不同儒家的狭隘。

有人说：佛教把一切众生都看作是父是母，平等慈悲，是不近人情的事，这可说是代表了中国儒家的传统观念。孔孟所表扬的仁，是先孝父母，先爱家属亲友，然后乃可扩及他人。如孝爱父母、爱敬兄弟的心,和一般人一样,便被斥为次序颠倒,轻重不分,甚至被斥为违反人性。但这与其他宗教——佛教、耶教、以及墨子,是不大同的。墨子提倡涵容广普的兼爱,就被孟子骂为禽兽。孔孟的学说本来很好,只是范围太狭,永远离不了家庭的小圈圈。墨家兼爱一切人,佛教悲悯一切众生,其道德内容显然与家庭本位的儒家不同。其实,道德心的随机缘而显发,不一定有次第的。如孟子说:"恻隐之心,人皆有之。"人人有不忍心,恻隐心,随机缘而引发,并无次第。孟子又曾说过,当路见不相识的小孩掉下井去,他的第一念心,应该是考虑怎样救起小孩,而不是考虑那是不是自己的小孩。又如见牛而心生不忍,而忘了羊也是一样的苦痛。所以仁爱的德性,是不应该拘泥于先此后彼的,可是儒者每不能融通。

再就现实世间的情况来说,有的在家庭里不一定孝悌,但对朋友却非常真诚笃爱,热心帮忙,甚而可以为朋友出生入死。这爱人之心,不能说它不合理(义);既属于道德心行,照儒家的传统说法,就应该先及家庭(亲),然后朋友(疏),但事实恰好相反,我们不能因其违反亲疏次序而否定其伦理价值。以佛法说,人类的最一般的德性——慈悲心,也即是孔家以仁为体的良知,是人人所有,而且是广大圆满的。不过有些人,只能在家庭中,或某一阶层中发挥出来,以外就隐而不显。这问题在:一、理智不够,局限而没有得到扩充。二、因为每一众生,无始以来因缘复杂。有因过去恩爱关系结为母子,有因过去仇恨关系结为母子。在现世,以个性、习欲关系,或与父母同而相亲,或与父母异而疏远。所以有些人,能够尽孝,爱他的父母,但对一般人,就不怎么有同情心。有的人就不同,他在家庭里对父母兄弟也许不怎么孝悌,而对一般朋友或陌路人却极热心,绝不因他未曾热爱家庭,便老不能爱其他的人。慈悲或仁爱的本质,原是平等而无偏颇的,它之所以未能一视同仁,即因有障碍差别,如灯光原可远近都照,而若遮以障物,虽近也照不到,若去障物,虽远也能照。因此,世间有的孝父母而不爱外人,有不爱父母兄弟(近)而爱朋友(远)。总之,凡于人而能悲爱的,我们都应该称叹的,当然最好是平等普爱。若定要先亲亲而后仁民,不但不合世情,反而是障人为善了!

　　父母抚爱儿女,儿女应当尽孝——念恩而求报恩,这是世间伦理观念的要素。佛教从时空的无限中,体认得一切众生平等义,以一切众生为己母,即是此一伦理观念的扩大、圆满。故孝父母和悲爱一切众生,实质并无差别。不过以一般凡夫心境,对那无量数的父母(也即一切众生)所加诸我们的慈恩,已无从记忆,即有所知也不真切。因此实践的唯一办法,无论是念恩,及求报恩,可从当前的父母、亲属做起,然后由亲而疏;更由一般无恩无怨而到怨仇。由近而远,由亲而怨,逐步推广,养成确认一切众生为母,而念一切众生恩,求报一切众生恩的观念。这近于儒者的"推"法,但这不是说,道德的本身有此固定范围,或不可越逾的先此后彼。这是观念上的熏修次第,在实践上,总是随机缘而引发,所以佛法平等普济的德行,不能视为不近人情,而非要从狭小的家庭中做起不可。

　　从知母到念恩,求报恩,乃是势所必然的。既透过无限的时空,觉察到一切众生皆是自己的母亲,皆于自己有大恩德,那么有恩就该报，尤其当他们苦痛的时候。虽然平等普济的慈悲对一切人都一样，但教缚地凡夫去修，从母爱去推知引发，最为有力。因为母亲是最爱儿女的，她一生为儿女所受的苦，真不知有几多！她给儿女吃奶，照顾儿女的冷暖，甚至到了三四十岁，还把他（她）们当作小孩看待。遇到儿女不听话，虽受气恼，而爱护之心仍然无微不至。现生母亲这样爱儿女，当知过去无量生中的母亲，也曾这样的爱过我们，所以我们对一切众生应该不忘其恩，并且尽心报答。由此可知，佛教勉人发菩提心，是从最明显的孝道出发，以思念母恩作出发点，与儒家的伦理观念，最为吻合！

（录自《学佛三要》，104—110 页，本版 68—72 页。）

（七）菩提心的正修——慈·悲·增上意乐

修习菩提心，经过知母、念恩、求报恩这一些意向，进一步就要修慈、修悲。慈悲跟发菩提心最有密切关系。经里告诉我们，菩提心不由禅定中来，也不由智慧中来，而是从大悲心来。慈悲，通常作为一个名词而实不同，依修学者的心理过程，分别来说明：一、慈心：慈是与乐，即以世出世间的种种善利，利益一切众生，使一切众生同得快乐、幸福。依佛法说，修习慈心，功德最大，慈心成就，可以远离灾难，即有刀兵，也可逢凶化吉。从前，提婆达多曾与阿阇世王合谋害佛，他们待佛托钵行化之时，故意放出醉象，欲令触杀，哪晓得这头充满杀机的狂象，一见佛陀竟驯服得什么似的，当下就跪在佛陀的脚边，任佛抚摩。释尊的慈心功德究竟圆满,故能降服狂象,而不为其损一毫毛。中国有句老话:"仁者无敌",也即此义。二、悲心:悲是拔苦,即减轻或根除众生的痛苦。要报众生的恩德,愿使一切众生得乐,所以修习慈心。但又觉得,如众生的苦痛根源不除,不能达成"与乐"的目的,所以由此而引发悲心。悲心是拔苦,而究竟的拔苦,便是"令一切众生同入无余涅槃而灭度之",这才能真实拔济苦难。至于慈悲心行的修习,也是次序推展。父母兄弟等有亲密关系的,称为亲。一般泛泛无关系者,称为中。有仇恨的冤家,名为怨。由亲而中,由中而怨,修成于一切众生而起的慈悲心;无边广大,所以名为"悲无量"、"大悲"等。如但缘一分众生而起慈悲心,便不合佛法,近于世间有阶级性的仁爱,同时包含着残酷的种子了。

在修习菩提心的过程中,悲心虽是极高妙,非常难得了,但还须再进一步,强化悲心,要求发动种种实际行为,救众生出苦,这便是增上意乐。增上意乐,是以悲心为本的一种强有力的行愿,以现代通俗的说法,即是"狂热的心",对度生事业的热心。热心到了最高度,便可以不问艰难,不问时间有多久,空间有多大,众生有几多,而不惜牺牲自己的一切,尽心致力救众生。菩萨不入地狱,救不了地狱众生;菩萨要成佛,也总是到苦难的人间来。佛菩萨具备了这强有力的愿行——增上意乐,所以成其为佛菩萨。小乘圣者,原也有慈悲心肠,只因太薄弱,缺少强有力的意志,故不能成其度生事行,而仅乎"逮得己利"而已。经里譬喻说:有一人家生了一个可爱的小孩,大家都非常疼他。有一天,这孩子不慎跌落粪坑,妈妈和姊姊们急得几乎发疯,心里尽是"要救他,要救他",而谁也没有跳下去。还是他的父亲跑来,一下纵身粪坑,也不问粪坑有多么深,多么臭,只管救捞小孩。这就是说,单凭悲心,没有增上意乐,仍旧是不够的。因为悲心只是一种悲天悯人的情怀,而不是一种不顾一切的、强猛有力的意志。所以声闻者虽然同情众生的苦恼,想使众生离苦得乐,而众生总是救不了,总是离不了苦,得不到乐。这一定要像菩萨那样,不但有慈悲心肠,而且具足增上意乐,故能激发种种实际行动,予众生以实利。

　　（录自《学佛三要》,110—113 页,本版 72—74 页。）

（八）菩提心的成就

　　从悲心而进入增上意乐心,已另有一番心境,到了这一阶段,修学者的心境,见到众生受苦,便好像自己也在其中,非旁观者。真可说,以众生的苦痛为苦痛,以众生的安乐为安乐。经过深切的觉察,世间一切学问,一切宗教,一切办法,都不能彻底解决众生的痛苦,唯有佛与佛法,才能救苦,才是救苦的良药。所以唯有修菩萨行,证菩提果,才能使众生从无边的苦恼中获得解脱。如此,为了救度众生而发心成佛,以度生大行作为成佛资粮,把自己的悲心愿行和众生的痛苦打成一片,发心学菩萨行,求成佛果。这种大信愿的坚固成就,便是菩提心的成就。

　　（录自《学佛三要》,113 页,本版 74 页。）

（九）菩提心的次第进修

以上，是修发菩提心的七重因果次第。这是莲花戒菩萨等，据阿毗达磨等说而安立的修学次第。依七重因果修学次第而完成，即是愿菩提心的成就。发菩提心，最重要的在此。发菩提心，具足大乘信愿，就要进修菩萨行。如《华严经》中的善财童子，他是具有深切的大乘信愿，发心成佛度众生的，所以在参访大乘道的过程中，总是说我已发菩提心，不知道应怎样的修菩萨行。发心以后，实修利他为本的菩萨行，不出菩萨戒。菩萨戒中，虽也以杀、盗、淫等为重罪，但这是通一切律仪的，单在这方面，不能显出大乘的特质，也显不出菩萨的不共精神。菩萨有三聚戒——摄律仪戒、摄善法戒、饶益有情戒，主要以六度四摄为体，如《瑜伽戒本》即以六度四摄分类。菩萨以不退菩提心为根本戒，不离菩提心而远离众恶，利益众生，成熟佛法，即是行菩提心的修习。《大乘起信论》依布施、持戒、忍辱、精进、止观而修成菩提心——似乎是行菩提心。修菩提心，广积福德智慧的资粮，进而悟无生法忍，体证一切诸法不生不灭，即称为胜义菩提心。胜义菩提心，是不离信愿慈悲的智证。能一念心相应，发此胜义菩提心时，即是分证即佛，于百世界现成佛道，所以这可以说发心成佛——由发菩提心而名成佛。从初发信愿，而修行，而悟证，就是悟证以后，还是菩提心的修习。菩提心有如宝珠，越磨越明净，多一分工夫，多一分成就，断障越多，菩提心宝越明净。依《华严经》说：十地菩萨的分证次第，即是菩提心宝一分一分的明净，一分一分的圆满。究竟圆满，便是圆证阿耨多罗三藐三菩提——究竟成佛了。

（录自《学佛三要》，114—115 页，本版 75—76 页。）

（十）菩提心与慈悲行

　　无上菩提心要如何才能发起呢？我们知道，无上佛果叫阿耨多罗三藐三菩提，也就是无上菩提。想要希望成佛的决心即是无上菩提心，这要如何去引发生起？发起之后，又如何才能终不忘此心，乃至觉菩提呢？也就是说能够始终不忘失，直到成佛。不忘失菩提心的菩萨，功德已相当高了，甚至在梦里也不会忘记，直到圆满觉悟成佛，能彻始彻终地保持着菩提心。

　　有以为只要起个想成佛的念头，就可以说是发心了，但实际不然。菩提心虽有深有浅，但最初的菩提心，也是一种大志愿，就是立大志、发大愿，以“为度众生而成佛”为最高的目标。发心的发，好像将酵母放入面粉之中让它发酵一样。所以发“菩提愿”必须是时时不离此心，所作所为都是为了贯彻这一个志愿，坚定不拔，这样才算是成就发起。不过，初发心时，总难免——或是事务繁忙，或是修行不易，而暂时忘失。只要坚持理想，久而久之，即使遇到忘失的因缘，菩提心还能够保持不退，终于达到不退转地，菩提心也就再也不会退失了。说到不忘菩提心，不要以为什么事不做，每一念都去想它，才算不忘。如我们读书，或是对事物的印象，并非要时刻想到，而是我们再接触到书本，或重复经验过的事物时，那过去所认识而留下的印象马上清楚地浮现出来。学菩萨行者，要立大志大愿，发大菩提心，也就是先要修学到这个地步。以后每当境界现前，再也不会忘掉，不会有违反的念头，菩提心能明白地显现在内心。这就不会再想修学小乘自了生死，也不会专为人天果报，这就可说是菩提心的成就了。

一切都从修学得来，发菩提心也要慢慢地修习才能成功。修，是要不断地熏习，渐渐地达到习惯成自然。那么，菩提心要怎么样才能发起、修习而不退呢？这就要看第二颂的回答了。

专志心成就，是说发菩提心，不是只动一动这个念头，而是要以专志心也就是以成佛得菩提为专一的志愿，专心一意去修习。修习什么？修习那为诸众生故起大悲庄严的法门。菩提由大悲生，似乎有些人忘了这件事，只想到我要成佛，我要度众生，言语与心念之间，免不了以我为中心，成佛只是为了自己。事实上，应该是这样：菩萨见到众生的种种苦恼，于是就想到该如何才能解除众生的苦恼？所谓悲，正就是拔苦的意义。菩萨经过了仔细观察，发现惟有佛的慈悲智慧，才能彻底救助济度众生，所以以佛为模范，就发起成佛度众生的心。菩提心不是别的，是为诸众生故而发起大悲庄严的大心。此处用了庄严二字，如在刷得粉白的墙上，画上一些图案；或是在佛前，供上香花灯果幢幡，都可以说是庄严。我们的心，与众生心一样，无始来生死颠倒，都是不清净的。从大悲心而有救济众生苦恼的菩提心，使自己有了崇高、伟大、清净的志愿，使一向的生死众生心中，有了清净的因素，庄严了自己的心。这样的一天比一天净化，终能达到完全的清净。

由此可见，若发菩提心而不去学习大悲心，一心一意为自己,这菩提心根本就是假的,因为离开了大悲心,哪里还有菩提心可说。近代的佛法不昌明,有些都不免误会了。口口声声说我要成佛,却不知成佛是什么。在他们的观念里,很可能成佛与到天上去享福差不多。有些人也说要成佛,目的却仅仅为了自己的了生死得解脱,这岂不是和小乘一模一样吗?充其量,也不过名词的不同而已。所以真正发心想要成佛的,必须修大悲心,以大悲来庄严菩提心。

大悲心又该怎样修呢?在印度的菩萨道中,通常以两种方法,教人从大悲而起菩提心。其一,近乎儒家亲亲而仁民,仁民而爱物的理论,使慈悲心次第扩大而成就发心。首先,把众生分成三类:一为亲,二为中,三为怨。何者为亲?凡是自己的父母、子女、兄弟、姐妹、朋友等等,彼此相互关切,感情融洽的,都包括在亲的范围内。其次为中,彼此间关系平常,不能说好,也不能说坏。再其次是怨,也就是互为冤家,看到就觉得讨厌,而感到会妨碍自己,引起厌恶心的,都可以称之为怨。

一般众生或多或少总是有一点慈悲心的,譬如父母对于子女,无不希望他们能有好的发展,若有什么病痛,总希望能为他们解除。所以这把慈悲心次第扩大的方法,首先要加强这父母与儿女间的关系,以对方的快乐为快乐,以对方的痛苦为痛苦,然后为父母者必然是慈爱的父母,为子女者也必然是孝顺的子女。但不能永远就止于这个地步,不只是一个美满的家庭,而是要对其他的普通人,也能够希望他好,关心他的痛苦并设法为其解除。除了家庭里父母子女的爱,还要把心量扩大到一般人。必须一步一步地,先由亲,然后中,等到有一天把心量扩大到一个相当的程度了,就会对冤家也发起慈悲心。若一个人能够对冤,也就是那些害我者、骗我者,也都能像对亲人一般地关切,如此的慈悲心则已经是非常的广大,菩提心也才能真正地发起。这是学习发菩提心的一种方法。

另一种方法叫自他互换法:把自己与别人的地位互相调换一下,即是当看到别人有苦痛时想到:如果是我面临他的处境,该怎么办?当然一定是会想办法来解决的。这也可以说是"己所不欲,勿施于人"的恕道;正由于我们常把人与我的界线划分得太清楚,以致有许多事情互相障碍,菩提心发不起来。好像是道德的原则有两套,一是用来对别人,一是对自己。若能够把自己与别人的观念倒过来,把希望自己离苦得乐的心来希望别人离苦得乐,希望增长自己快乐的心来希望别人增长快乐……这样子下去,则发起慈悲心就不会变成仅止于一个空泛的观念而已。

中国佛教界,本来有许多非常好的特点,但往往由于只看到表面事实,而忽略了其后所包含的真正意义,虽然每天都在做,但菩提心却没有发起来。比如说吃素,主要是为了不杀生以长养慈悲心。儒家也有"闻其声,不忍食其肉"的说法,而佛法实行得更彻底,不杀生,不吃众生肉。但一般人不知道吃素的真意义,只会说吃素的功德多么大,却不晓得是为了长养慈悲心。我们若是吃它的话,慈悲心就不能扩展开来,不能普及一切众生。慈悲心,是要我们对人、对其他的众生,有好事固然要为他们欢喜,当然是不可增加他们的苦痛,他们有苦痛时还要设法为其解决。如此,慈悲心才能大大地生起,菩提心也就发起坚固了。吃素是很好的美德,但如忽略了应有的慈悲心,那就失去了意义。

(录自《华雨集》一,22—28 页,本版 18—21 页。)

三　慈悲心的修习

(一) 佛法以慈悲为本

"慈悲为本",这句话是圆正的大乘佛教的心髓,表达了佛教的真实内容。作为大乘佛教的信徒们,对此应给予严密的思惟,切实的把握! 从菩萨的修行来说,经上一再说到:"大悲为上首";"大慈悲为根本"。从修学完成的佛果来说,经中说:"诸佛世尊,以大悲而为体故。"论上说:"佛心者,大慈悲是。"经论一致地开示,大乘行果的心髓不是别的,就是慈悲。离了慈悲,就没有菩萨,也没有佛。也可说:如没有慈悲,就没有佛法,佛法从慈悲而发挥出来。

这样的大乘宗旨,专为"己利"着想的声闻行者也许不能同意。其实声闻行者共同承认的三藏,释迦佛也确实是这样的。以释尊的现生行迹来说:他最初发生修道的动机,是由于他的观耕而引起。释尊生长王宫,难得出去观察农夫的耕种。他见到烈日下辛苦工作的农夫,饥渴疲乏而还得不到休息;见到耕牛的被役使,被鞭策,被轭压伤皮肉而流下血来;见到田土翻过来时,种种的小虫被鸟雀所啄食;见到牛血滴下土壤,不久就生出蛆虫,而成为鸟类的食品。众生的自相残害,农工的艰苦,刻划出世间的残酷面目。释尊内心的深切悲痛,引发了求道与解脱世间的思虑。这哪里是专为自己着想! 其后,释尊又出去游观,见到老病死亡。从一人而了解得这是人类同有的痛苦经历,自己也不能不如此。从他人而理解到自己,从自己而推论到他人。这种人类——一切众生生命历程中的悲痛过程,如专从自己着想,即成为声闻的厌离(苦)心。如不但为自己,更为一切众生着想,即成为菩萨的悲愍心。释尊是并不专为自己着想的,所以一旦在菩提树下彻悟了人生的真实,即踏遍恒河两岸,到处去转法轮,击法鼓,吹法螺,以微妙的法音,来呼召觉悟在痛苦中的众生。从传记去看,释尊的一生,不外乎大慈大悲的生活,无非表现了慈悲为本的佛心。如进一步而推求释尊的往昔修行,在传说的本生谈中,菩萨是怎样的舍己为人! 是怎样的慈愍众生! 声闻学者也不能不说:菩萨以慈心而修波罗蜜多,圆满时成就佛果。所以大乘的行果——菩萨与佛,是彻始彻终的慈悲心行。如离去了慈悲,哪里还配称为大乘呢!

　　大乘经中说:菩萨与声闻,虽同样的称为佛子,而菩萨如长者的大夫人子,声闻如婢子。这是说:菩萨是佛的嫡子,继承了佛陀的高贵而纯正的血统。声闻呢? 他虽也依佛口生,从法化生,而不免羼入了卑贱的血统。这种卑贱的传统,不是别的,是释尊适应印度当时的——隐遁与苦行的独善心行。声闻是佛法,有深智的一分,但不能代表圆正的佛法,因为他含着违反佛陀精神的一分,即没有大慈悲,所以《华严经》中比喻二乘为从佛背而生。因此,偏从声闻法说,专以声闻的心行为佛法,那是不能说法以慈悲为本的。然依代表佛陀真精神的大乘来说,慈悲为本,是最恰当地抉发了佛教的本质、佛陀的心髓。

（录自《学佛三要》,117—119 页,本版 77—79 页。）

（二）慈悲的根源

慈悲是佛法的根本,也可说与中国文化的仁爱、基督文化的博爱相同的。不过佛法能直探慈悲的底里,不再受创造神的迷妄、一般人的狭隘所拘蔽,而完满地、深彻地体现出来。依佛法说,慈悲是契当事理所流露的,从共同意识而泛起的同情。这可从两方面说:

从缘起相的相关性说:世间的一切——物质、心识、生命,都不是独立的,是相依相成的缘起法。在依托种种因缘和合而成为现实的存在中,表现为个体的、独立的活动,这犹如结成的网结一样,实在是关系的存在。关系的存在,看来虽营为个体与独立的活动,其实受着关系的决定,离了关系是不能存在的。世间的一切,本来如此;众生、人类,也同样的如此。所以从这样的缘起事实,而成为人生观,即是无我的人生观,互助的人生观,知恩报恩的人生观,也就是慈悲为本的人生观。单依现生来说,人是不能离社会而生存的。除了家庭的共同关系不说,衣食住药,都由农工的生产原料加工制造,由商贾的转运供给;知识与技能的学习、学问与事业的成功,都靠着师友的助成。社会秩序的维持,公共事业的推行,安内攘外,一切都靠着政府的政治与军事。如没有这些因缘的和合,我们一天、一刻也难以安乐地生存。扩大来看,另一国家,另一民族,到这个时代,更证明了思想与经济的息息相关。甚至非人类的众生,对于我们的生存利乐,也有着直接或间接的关系。人与人间,众生间,是这样的密切相关,自然会生起或多或少的同情。同情,依于共同意识,即觉得彼此间有一种关系,有一种共同;由此而有亲爱的关切,生起与乐或拔苦的慈悲心行。这是现实人间所易于了解的。如从生死的三世流转来说,一切众生,从无始以来,都与自己有着非常密切的关系,过着共同而密切的生活,都是我的父母,我的兄弟姊妹,我的夫妇儿女。一切众生,对我都有恩德——"父母恩"、"众生恩"、"国家(王)恩"、"三宝恩"。所以从菩萨的心境看来,一切众生,都"如父如母,如兄如弟,如姊如妹,和乐相向"。在佛的心境中,"等视众生如罗睺罗"(佛之子)。这种共同意识,不是狭隘的家庭,国族,人类;更不是同一职业,同一阶层,同一区域,同一学校,同一理想,同一宗教,或同一敌人,而是从自他的展转关系,而达到一切众生的共同意识,因而发生利乐一切众生(慈)、救济一切众生(悲)的报恩心行。慈悲(仁、爱),为道德的根源,为道德的最高准绳,似乎神秘,而实是人心的映现缘起法则而流露的——关切的同情。

再从缘起性的平等性来说:缘起法是重重关系,无限的差别。这些差别的现象,都不是独立的、实体的存在。所以从缘起法而深入到底里,即通达一切法的无自性,而体现平等一如的法性。这一味平等的法性,不是神,不是属此属彼,是一一缘起法的本性。从这法性一如去了达缘起法时,不再单是相依相成的关切,而是进一步的无二无别的平等。大乘法说:众生与佛平等,一切众生都有成佛的可能性,这都从这法性平等的现观中得来。在这平等一如的心境中,当然发生"同体大悲"。有众生在苦迫中,有众生迷妄而还没有成佛,这等于自己的苦迫,自身的功德不圆满。大乘法中,慈悲利济众生的心行,尽未来际而不已,即由于此。一切众生,特别是人类,不但由于缘起相的相依共存而引发共同意识的仁慈,而且每每是无意识地,直觉得对于众生对于人类的苦乐共同感。无论对自,无论对他,都有倾向于平等,倾向于和同,有着同一根源的直感与渴仰。这不是神在呼召我们,而是缘起法性的敞露于我们之前。我们虽不能体现它,但并不远离它。由于种种颠倒,种种拘蔽,种种局限,而完全莫名其妙,但一种歪曲过的,透过自己意识妄想而再现的直觉,依旧透露出来。这是(歪曲了的)神教的根源,道德意识、慈悲精神的根源。慈悲,不是超人的、分外的,只是人心契当于事理真相的自然的流露。

　　(录自《学佛三要》,120—123 页,本版 79—81 页。)

(三) 慈悲为本的人菩萨行

　　菩萨是超过凡夫的,也是超过二乘的。恋著世间的凡夫心行是世间常事,如水的自然向下,不学就会。一向超出生死的二乘行是偏激的厌离,一面倒,也还不太难。唯有不著世间、不离世间的菩萨行,才是难中之难!事实确乎如此:凡夫心行,几乎一切都是。释迦佛的会上有的是小乘贤圣,不容易,也还不太难。菩萨,只有释迦与弥勒;这是人间的历史事实。可见菩萨心行是极不容易的,如火中的青莲花一样。大乘经中说:十方有无量无边的菩萨，那是十方如此，而此土并不多见。至于大地菩萨的化现，可能到处都是，但这不是人间所认识的。从此土的缚地凡夫来论菩萨行，如不流于想像、神秘，尊重事实，那是并不太多的。经上说："无量无边众生发菩提心，难得若一若二住不退转。"所以说："鱼子、庵罗花、菩萨初发心，三事因中多，及其结果少。"这不是权教，是事实。出世，是大丈夫事，而菩萨是大丈夫中的大丈夫！如有一位发心得成就不退，对于众生的利益实在是不可度量，如一颗摩尼宝珠的价值，胜过了阎浮提的一切宝物一样。

我们必须认清：名符其实的菩萨，是伟大的！最伟大处，就在他能不为自己着想，以利他为自利。伟大的，这是我们所应该学习的；弘扬大乘法，景仰佛陀的圆满，菩萨大行的伟业，虽要经历久劫修行，或者暂时中止进行，但一历耳根，万劫不失，因缘到来，终究要从此成佛的。成就不退的菩萨，虽说不会太多，然有顶天立地的大丈夫，自有能真实发菩提心。有信愿、慈悲、空性胜解，正好在生死海中锻炼身手，从头出头没中自利利人。一般能于菩萨行而随喜的、景仰的、学习的，都是种植菩提种子，都是人中贤哲，世间的上士。有积极利他、为法为人的大心凡夫，即使是"败坏菩萨"，也比自了汉强得多！这种慈悲为本的人菩萨行，浅些是心向佛乘而实是人间的君子——十善菩萨；深些是心存利世、利益人间的大乘正器。从外凡、内凡而渐登贤位的菩萨，没有得解脱的自利，却能为一切众生而修学，为一切众生而忍苦牺牲。渐学渐深，从人间正行而阶梯佛乘，这才是菩萨的中道正行。真能存菩萨的心胸，有菩萨的风格，理解菩萨利他的真精神,哪里会如丧考妣地急求己利?

佛教的利他真精神,被束缚、被误会、被歪曲,这非从根救起不可! 这非从菩萨道的抉择中,把它发挥出来不可! 这才能上契佛陀的本怀,下报众生的恩德。也唯有这样,才能答复世间的疑难!

（录自《学佛三要》,152—154 页,本版 99—101 页。）

（四）慈悲心与慈悲行

慈悲,是佛法的根本,佛菩萨的心髓。菩萨的一举手,一动足,无非慈悲的流露。一切的作为,都以慈悲为动力。所以说:菩萨以大悲而不得自在。为什么不得自由自在? 因为菩萨不以自己的愿欲为行动的方针,而只是受着内在的慈悲心的驱使,以众生的需要为方针。众生而需要如此行,菩萨即不得不行;为众生着想而需要停止,菩萨即不能不止。菩萨的舍己利他,都由于此,决非精于为自己的利益打算,而是完全地忘己为他。

菩萨的慈悲心,分别为慈、悲、喜、舍——四心。慈,是以利益安乐、世出世间的利益,给予众生。悲,是拔济众生的苦难,解除众生的生死根本。喜,是见众生的离苦得乐而欢喜,众生的欢悦,如自己的一样。舍,是怨亲平等,不忆念众生对于自己的恩怨而分别爱恶。"与乐"、"拔苦",为慈悲的主要内容。然如嫉妒成性,见他人的福乐而心里难过;或者仇恨在心,或者私情过重,不是爱这个,便是恶那个,这决不能引发无私的平等的慈悲。所以菩萨不但要有慈悲心,而且要有喜舍心。慈悲喜舍的总和,才能成为真正的菩萨心。

　　不过,但有悲心是不够的,非有悲行不可。换言之,菩萨要从实际的事行中去充实慈悲的内容,而不只是想想而已。充实慈悲心的事行,名利他行,大纲是:布施、爱语、利行、同事——四摄。布施,或是经济的施与,或是劳力,甚至生命的牺牲,称为财施。从思想去启导,以正法来开示,就是一言一句,能使众生从心地中离恶向善,都称为法施。如众生心有忧恼,或处于恶劣的环境,失望苦痛万分,菩萨以正法来开导他,以方便力来护助他,使众生从忧怖苦恼中出来,这是无畏施。布施有此三大类,可以统摄一切利他行,如离了布施,即没有慈悲的意义了!然而实现利他行,还要有爱语、利行、同事。爱语,是亲爱的语言。或是和颜的善语,或是苦切的呵责语,都从慈悲心流出,使对方感觉到善意,能甘心悦意地接受。否则,如对贫穷或急难者,以轻蔑、傲慢、调笑的语调去布施他,有自尊心的都会拒绝接受施与,或者勉强接受而内心引起反感。又如对人对事的评论,如为善意的,有建设性的,容易使人接受而改善。不然,即使说得千真万确,在对方的反感下,也会引起误会与纠纷的。利行,以现代语来说,即是福利事业。从公共的、大众的福利着想,去施设慈济的事业。同事,是与大众同甘苦。在工作方面,享受方面,都应一般化,与大家一样,这是最能感动人的。菩萨要慈悲利他,不能不讲求方法。爱语、利行、同事,就是使布施成为有效的、能达到真能利益众生的方法。这四者,是慈济众生、和合众生的基本,为领导者(摄)应有的德行。菩萨"为尊为导",但不是为了领导的权威,是为了慈济众生,知道非如此不能摄受众生,不能完成利益人类的目的。从慈悲心发为布施等行，为菩萨所必备的。菩萨的领导，并不限于政治，在任何阶层，不同职业中，有慈悲心行的菩萨，总是起着领导作用。如维摩诘居士，他在一切人中，"一切中尊"。

（录自《学佛三要》，130—133 页，本版 86—87 页。）

（五）慈悲的长养

慈悲心，是人类所同有的，只是不能扩充，不能离开自私与狭隘的立场而已。由于自私、狭隘，与杂染混淆，所以被称为情爱。古人咏虎词说："虎为百兽尊，谁敢触其怒！唯有父子情，一步一回顾。"慈爱实为有情所共有的，残忍的老虎也还是如此。所以慈悲的修习，重在怎样地扩充它，净化它，不为狭隘自我情见所歪曲。所以慈悲的修习，称为长养，如培养根蘖，使它成长一样。

据古代圣者的传授，长养慈悲心，略有二大法门。

一、自他互易观：浅显些说，这是设身处地，假使自己是对方，而对方是自己，那应该怎样？对于这一件事，应怎样的处理？谁都知道，人是没有不爱自己的，没有不为自己尽心的。我如此，他人也是如此。如以自己的自爱而推度他人，设身处地地为他人着想，把他人看作自己去着想，慈悲的心情自然会油然地生起来。《法句》说："众生皆畏死，无不惧刀杖，以己度他情，勿杀勿行杖。"这与儒家的恕道一致，但还只是扩充自我的情爱，虽能长养慈悲，而不能净化完成。

二、**亲怨平等观**:除自爱而外,最亲爱的,最关切的,没有比自己的父母、夫妻、儿女了。最难以生起慈悲心的,再没有比怨恨、仇敌了。为了长养慈悲心的容易修习,不妨从亲而疏而怨,次第地扩充。一切人——众生,可分为三类:亲、中、怨。这三者,或还可以分成几级。先对自己所亲爱的家属,知遇的朋友,观察他的苦痛而想解除他,见他的没有福乐而想给予他。修习到:亲人的苦乐,如自己的苦乐一样,深刻地印入自心,而时刻想使他离苦得乐。再推广到中人,即与我无恩无怨的。仔细观察,这实在都是于我有恩的;特别是无始以来,谁不是我的父母、师长? 对于中人的苦乐,关切而生起慈心、悲心,修习到如对自己的恩人、亲爱的家人一样。如能于中人而起慈悲心,即可扩大到怨敌。怨敌,虽一度为我的怨敌,或者现在还处于怨敌的地位,但过去不也曾对我有恩吗? 为什么专门记着怨恨而忘记恩爱呢! 而且,他的所以为怨为敌,不是众生的生性非如此不可,而只是受了邪见的鼓弄,受了物欲的诱惑,为烦恼所驱迫而不得自在。眼见他为非作恶,愚昧无知,应该怜悯他,容恕他,救济他,怎能因自己小小的怨害而嗔他恨他? 而且,亲与怨,也并无一定。如对于亲人,不以正法、不以慈爱相感召,就会变成怨敌。对于怨敌,如能以正法的光明、慈悲的真情感召,便能化为亲爱。那为什么不对怨敌而起慈悲心,不为他设想而使离苦得乐呢! 以种种的观察,次第推广,达到能于怨敌起慈悲心,即是怨亲平等观的成就,慈心普遍到一切,这才是佛法中的慈悲。慈悲,应长养它、扩充它;上面所说的法门,是最易生起慈悲的修法。

（录自《学佛三要》,133—135 页,本版 88—89 页。）

（六）慈悲的体验

上面所说的长养慈悲,都还是偏约世俗说。一分声闻学者,以为慈悲只是这样的缘世俗相而生起,这决非佛法的本义。依大乘法说,慈悲与智慧并非相反的。在人类杂染的意识流中,情感与知解也决非隔裂的。可说彼此相应相入,也可说是同一意识流中泛起的不同侧面。如转染还净,智慧的体证,也就是慈悲的体现;决非偏枯的理智,而实充满着真挚的慈悲。如佛陀的大觉圆成,是大智慧的究竟,也是大慈悲的最高体现。如离开慈悲而说修说证,即使不落入外道,也一定是焦芽败种的增上慢人!

慈悲可分为三类:一、众生缘慈:这是一般凡情的慈爱。不明我法二空,以为实有众生,见众生的有苦有乐,而生起慈悲的同情。这样的慈爱,无论是大仁、博爱,总究是生死中事。二、法缘慈:这是悟解得众生的无我性,但根性下劣,不能彻底地了达一切法空,这是声闻、缘觉的二乘圣者的心境。见到生死的惑、业、苦——因果钩锁,众生老是在流转中不得解脱,从此而引起慈悲。法缘慈,不是不缘众生相,是通达无我而缘依法和合的众生。如不缘假名的我相,怎么能起慈悲呢! 三、无所缘慈:这不像二乘那样的但悟众生空,以为诸法实有;佛菩萨是彻证一切法空的。但这不是说偏证无所缘的空性,而是于彻证一切法空时,当下显了假名的众生。缘起的假名众生即毕竟空,“毕竟空中不碍众生”。智慧与慈悲,也可说智慧即慈悲(“般若是一法,随机立异称”)的现证中,流露真切而悯苦的悲心。佛菩萨的实证,如但证空性,怎么能起慈悲? 所以慈悲的激发、流露,是必缘众生相的。但初是执着众生有实性的;次是不执实有众生,而取法为实有的;唯有大乘的无缘慈,是通达我法毕竟空,而仅有如幻假名我法的。有些人,不明大乘深义,以为大乘的体证但缘平等普遍的法性,但是理智边事,不知大乘的现证一定是悲智平等。离慈悲而论证得,是不能显发佛菩萨的特德的。中国的儒家,从佛法中得少许启发,以为体见"仁体",充满生意,略与大乘的现证相近。然儒者不能内向地彻证自我无性,心有限量(有此彼相),不可能与佛法并论。

在体证法性的现观中,《阿含经》中本有四名,实与四法印相契合。

无所有(无愿)	——诸行无常
无量	——所受皆苦
空	——诸法无我
无相	——涅槃寂静

无量三昧,是可以离欲的,与空、无相、无愿的意义相同。但在声闻佛教的昂扬中,无量三昧是被遗忘了。不知道,无量即无限量,向外谛观时,慈悲喜舍,遍缘众生而没有限量,一切的一切,名为四无量定。向内谛观时,众生的自性不可得,并无自他间的限量性。所以无量三昧,即是缘起相依相成的,无自无他而平等的正观。通达自他的相关性,平等性,智与悲是融和而并无别异的。无量三昧的被遗忘,说明了声闻佛教的偏颇。佛教的根本心髓——慈悲,被忽视,被隐没,实为初期佛教的唯一不幸事件。到大乘佛教兴起,才开显出来。所以佛弟子的体证,如契合佛的精神,决非偏枯的理智体验,而是悲智融贯的实证。是绝

待真理的体现,也是最高道德(无私的、平等的慈悲)的完成。唯有最高的道德——大慈悲,才能彻证真实而成为般若。所以说:"佛心者,大慈悲是。"

（录自《学佛三要》,136—139 页,本版 89—91 页。）

（七）慈悲心行的特胜

慈悲,是佛的特殊功德。慈是给与众生的快乐,悲是拔除众生的痛苦。慈悲虽然有浅深,但拔苦与乐的原则是一样。有人说佛教的慈悲与孔子的仁爱、基督教的博爱,没有什么差别。其实,仁爱或博爱,与佛教所说的慈悲,是有很大差别的。

一、佛的慈悲,不受阶级的限制:有人这样问:"佛教都说人类的苦痛深重,极为可怜,是不是一学佛就不可怜呢?"其实佛教说可怜,连自己在内,因为我们皆在深重的烦恼苦痛中,怎能说自己不可怜? 真正说,唯有证悟法性了脱生死的佛陀,才是万德圆具的幸福者。众生如不求智慧,不断烦恼,谁也不能说自己不可怜。事实是如此,凡是沉沦生死的一切众生,时时在极重的悲哀痛苦中,当然他们是佛陀慈悲护念极堪可怜的一群。但我们如好好地做——精进地断烦恼,求智慧,一样可以达到究竟的正觉,脱离人间的苦痛。佛对一切众生,都予以平等的地位,予以平等的救护。慈悲并非神的特权,我们也并非永远是被可怜的。我们要虔诚地接受佛的慈悲救护,同时也要有慈悲救护心去慈念众生,才能离苦得乐,达到与佛一样的大慈悲。

二、佛的慈悲,没有狭隘的偏私性:世间一母生养了几个儿女,你要叫她对儿女不生偏爱,这很不易做到,可是佛视众生如一爱子。老年的看为父母,年纪相等的看为自己的兄弟姊妹,年纪较小的看为自己的子女。世间人,要与自己相爱的才亲近,不好的就远离,人类的互相往还,处处表现了亲疏的现象。佛打破了这亲疏的观念,运用自己的深广悲智救度一切众生。即罪大恶极的众生,佛也还是一样地护念他。如基督教,信我(上帝)则受上帝的恩典,可以得救;反之,你是罪人,永远堕在地狱中,再也没有解脱的日子。如此,即使我现在信了上帝,而我过去的祖先皆没有信仰基督,岂不永远堕在地狱吗?这种仇视异己者、反对自己者的残酷,实在不能使我们同情,因为我们不能接受这残酷的阶级爱。佛法不舍一切众生,普遍地慈悲救护,即使堕地狱的众生,一时无从慈济,但将来出生人天,还是一样地拯救他,而终于要向上发展到成佛。故佛的普遍慈悲、平等救护的精神,非一切的仁爱可及。

三、佛的慈悲,不但是情感的爱,而是通过理智而发动的:父母爱自己的儿女,有时会失去理性的,一切都是自己的儿女好;若听到别人说自己的儿女不好,心里则非常的不快活。佛的慈悲中,充满了理智。佛有慈悲救济我们的能力,为什么我们至今还在悲哀苦痛中呢?"佛门广大,难度不善之人。"众生都有他们过去的善恶因果,当他恶业因缘成熟时,佛的慈悲也救不了他。佛要众生止恶行善,但众生偏去作恶,不信世间的因果,佛的慈悲又怎能救度他呢?我们能在因果的定律中,做种种的善行,佛对我们自有一种不可思议的护念。只要有一毫的可能,佛就会以因果的正行来救济我们。反之,佛的威德慈悲虽然广大无边,也救不了我们。佛对众生的慈悲护念,并不因为众生都对佛陀有虔诚的信心。这是一个值得重视的原则,凡是众生的一切行为都是善的,自然会受善果。善心增长,虽不信佛,佛也照常地护念他,而且自然会受佛所摄引而归于佛。不然,即抹煞了世间因果律了。佛的威德,佛的慈悲愿力,虽然广大,但众生的业力更大。明白这,才会知道佛的慈悲愿力中充满了理性。有许多对佛法没有正确了解的人,自己病倒了,受不了病苦的煎熬,即觉得学佛无用,这完全没有理解佛法的正义。如人做生意,以种种投机不合法的手段骗取钱财,结果犯法失败了,佛又怎样救得他呢?所以佛救护众生,决不抹煞世间的因果律,这是慈悲中的理性表现。此外,佛的慈悲,是有理智配合的慈悲行,不但不违反世间的因果事理,在佛陀的心境中,即出世间的真理也完全吻合。所以佛的慈悲,是悲智平等的,慈悲而能体验真理,智慧而又能救护众生。世间的一般宗教,只讲信仰,这太偏向了感情的爱而忽略了理智;而出世的小乘圣者,又偏重了理智,缺乏了救护的悲心。佛把感情与理智能合成一体,不偏向任何一边,而到达悲智平等与究竟的最高峰,这是佛教慈悲的尊贵处。

四、佛的慈悲,着重于彻底的救济:如世间人的治病,治本即治病的根源,治标即头痛医头脚痛医脚的医法,这虽能止一时的痛苦,而不能彻底地杜绝了病源。救济人类的苦痛,世间也有两种方法:甲、方便:如遇着没饭吃没衣穿的贫乏者,给他们衣食,这即是临时的方便办法。乙、根本的救济,是要研究贫乏者的原因,如有人因缺乏了谋生的技能而贫苦的,那就教他学个技能;

如因每年水灾而贫乏的,就得想法疏通河流,这才能彻底治止他们的贫乏苦痛。佛法也如此,方便主张布施救济等;而根本却重在自身的努力,自己的苦痛要由自己努力解决。所以一个真正的修学佛法者,每能从佛法中照着实行而获得痛苦的究竟解脱。若自己不去好好地照着佛陀指示的方向努力,只想佛菩萨的慈悲救护,那是永远不能获得根本救济的,永远会流转于苦难中的。

世间人往往只见浅处,不见内面的要紧处。从前有人请客,客走进了主人的厨房,见烟囱直直地靠着屋檐,便非常关心地对主人说:"烟囱靠近屋檐,容易起火,最好作成曲形。"当时,主人并没有听从客人的话。不久,不幸失火,烧去了部分的房产。这时候,主人一面为自己的房产烧去而伤心,一面又感激许多来救火的人们,可是却把最初教他移烟囱改成曲形的那位客人忘掉了。部分的信佛者,但知信佛求救护,而忽略佛陀的根本救济法,不能如实奉行,这等于那位失火主人那样的愚痴。

学佛应注重如实的依法奉行,能切实地奉行佛法,自会得到佛力的加被,一切困难自能得到圆满的解决。若自身不断地去作恶,或不肯依照佛的教法去行,佛虽慈悲地救护一切众生,但救不了你。所以我们要依佛的教法如实奉行,这也即是接受了佛的救济。是的,佛对我们有深重的救济之恩,希望今天来庆祝的,不要忘掉佛陀的恩德!

（录自《佛法是救世之光》,11—16 页,本版 8—11 页。）

（八）慈悲与智慧的融和

佛法常说"悲智双运"，这证明佛法中悲智不可分开的。慈悲的内容与作用，大抵相同于中国之仁与西方之爱。但慈悲不仅是同情、关怀，而且是符合真理的。所以说：无智不成大悲。慈悲是一切道德的根源，道德无慈悲即无法建立。道德准绳，就看慈悲之有无。慈悲心也就是同情感。举例说：我们见到他人遭遇苦难时，内心油然生起关怀，进而以其所有，尽心尽力去帮助他，给予他身心安乐和慰藉。这就是慈悲的表现和实践。不过，一般人之慈悲同情只限囿于自己的亲人，不能推广于他人。最明显的例子，做父母的见到自己的子女生病时，内心的忧愁焦虑超过了子女的病苦，只恨不能以自身代替。这一伟大的慈爱，普通人只能施舍于自己的子女，而不能普及到他人的子女，因被情爱所束缚，封锁在一个小圈子里不能超出。儒家要人"老吾老，以及人之老；幼吾幼，以及人之幼"。佛家要人"冤亲平等"，这无非希望我们扩大同情，增长慈悲。要想悲心深切，先应明白人生真义（以智慧去观察）。佛法说缘起，人是群居动物，我们的衣食住行、生活资具，均由社会广大人群：士、农、工、商所供给，生命财产，由军政、法律所保障。明白这相依相成之缘起的道理，即能对他人生起同情心。约我们无限延续的生命说，过去无量生死中，我们也有很多父母亲属，眼前现生的父母我们要报恩，过去的父母兄妹我们也应报恩。所以佛经说："一切男子是我父，一切女子是我母。"我们的慈悲心，不是为一家一族一国全人类，甚至要扩大到一切众生界。大乘佛法特别强调素食，不杀害众生,原因在此。同时佛法中讲慈悲,不是施予,而是一种报恩。与智慧相融的慈悲是契合真理——自他缘成,相依相存。

一般宗教讲博爱,总以自我为中心。如"顺我者生,逆我者亡","信者永生,不信者永火",这种强烈的独占的排他性,除属于自己外,一切皆要毁灭,阶级爱的底里,露出了残酷的仇恨!佛法中慈悲是冤亲平等,对于冤家或不信者,虽一时不能度化他,待因缘成熟,自然可以摄化。依宇宙因果自然法则说:自作自受,没有一个高高在上的权威,可以赏善罚恶。如人爬楼梯,自己不小心,就会摔跤,一切自己负责。佛法讲善因得善报,恶因得恶果,有人不明因果法则,以为其中含有功利观念,殊不知佛法讲善恶,根本原则建立在合情合理人事种种关系上。符合道德法则称之为善行,自有好的果报;违反情理的,损人害己的恶行,自会召感苦痛的后果。这不是功利,而是社会人群共同循守的自然法则。如此才能鼓舞人们道德心行,提高道德生活水准。

一般宗教之爱,因为缺少智慧,故爱有范围。佛法以智慧为体,慈悲为用。唯有真智中才有大悲,佛经说:"佛心者,大慈悲是。"由于大乘佛法以庄严佛土、成熟众生为己任,若缺乏大悲,即不能成办。

人类各各习性不同,重于理智者,则个性孤僻,不能乐群;重于感情者,又以自我为中心,这些均不能称为完美理想的人生。佛法以智信合一、悲智融和为人生之正鹄。信仰、智慧、慈悲为大乘佛法三大心要,均衡地发展,由凡夫位次第修学,进达于最后究竟的佛果。人生旅途,仅数十寒暑,我们应利用这短暂的人生，以此理想完善的蓝图，来庄严此人生，升华此人生！

（录自《佛法是救世之光》，163—166 页，本版 109—

111 页。）

　　　　　※　　　　　※　　　　　※　　　　　※

　　般若，是证悟一切法空的智慧，菩萨既具有般若智慧，则必然是证悟了一切法空性与无相的。但菩萨除了般若智慧之外，却又必须具有菩提心、慈悲心，凡见到众生的苦难则油然而生拔苦与乐之心。般若所指的境界乃是空，而慈悲则为有（见到一切众生的苦恼）。照我们平常的想法，这二者之间应该是相互矛盾了；有此无彼，有彼无此。我们知道，空，便是无我，人空、法空、无人、无我、无众生、无寿者相，而慈悲心却是想到众生的苦恼，心目中却是有"人"。这样，有了空、般若，便没有了众生，有了众生的苦恼便没有了空，那么般若与慈悲要如何才能相应呢？是否有了智慧便没有了慈悲，有慈悲便没有智慧，或者同时能够兼有慈悲与智慧二者呢？根据我们的眼睛与耳朵来说，眼睛是用来看东西，耳朵是用来听声音；能够看东西的便不能听声音，能听声音的便不能看东西，那么般若与慈悲二者，是不是也像这种情况呢？这两个观念又该如何才能配合得起来？这不但是个理论上的问题，也是菩萨心境上一个实际问题。

　　这个偈颂我先解释一下问题的意思："解法无我已"，也就是了解一切法无我，包括了法无我、人无我。经上常说到的无人，无我，无我法便是一切法的真理。"慈心普遍世"，把慈悲心普及于一切世间众生。慈、悲、喜、舍四无量心，是要我们对一切众生都具有慈悲心,能做得到多少,姑且不论,但首先将慈悲心遍一切,对一切众生无不具有慈悲。当然这一点在实行上只能由小而大,先对自己亲人慈悲,而后才能慢慢扩大范围到一切众生身上。"无我及与慈,是义云何等?"无我与慈,这两者要如何才能平等呢? 也就是要如何才能相应呢? 佛法中说到,菩萨智慧越高,慈悲就越大;并非是有了慈悲便没有了智慧。假如只有慈悲,没有智慧,则无异于凡夫;只有智慧,没有慈悲,那么这种智慧也就和小乘一样了。所以菩萨应该是悲智一如;大乘法应该是慈悲与智慧平等的。那么要如何才能使得慈悲与智慧平等呢?

佛法之中有不少话是为佛教徒所常说而几乎成为口头禅的,比如:同体大悲、无缘大慈等。但"同体大悲、无缘大慈"所指的是什么? 在这里我们必须要有一番分别,才能了解何以菩萨在通达了一切法空的境界后,还能够有慈悲心。

我们先要知道,慈悲心究竟是如何生起来的? 慈悲心是缘众生而生起的。如果不知道有众生,则慈悲心是无论如何也不会生起来的。不论是对于我们的亲属或朋友,甚或是小动物,当见到他们的苦痛时,我们便发起了慈悲心,想要消除他们的痛苦(这是悲),或者是使他们得到快乐(这便是慈)。既然缘众生而生起,那又怎么会是无缘大慈? 般若与慈悲,如何能合得起来呢?

佛法中,慈(悲)有三类:

第一类是众生缘慈:是缘众生而起慈心。由于在生起慈悲心时,心境上便显现了一个一个的众生。平常我们见到众生,总会把他们当做是一个个实实在在的独立自体。比如，当见到一位多年未见的老朋友，内心中会有种种感想，他变老了，变瘦了，或者是变胖了等等；总会把他当做是固定的个体，而只是瘦弱或肥大。似乎这个人的本身是一定的，不会有什么变化的。因此，我们对于众生，总是执著于他各人有他的实有自体；人人有此观念，以这样的认识再来起慈悲心，便是众生缘慈。众生缘慈修得慈定的，可以得生梵天。

第二类是法缘慈：其境界的程度较高，已经超出一般人之上。他所见到的个体，张三是张三，李四是李四，人还是人，狗也仍然是狗；但他了解到我们所见到的一个个众生，实际上并没有什么永恒不变的东西，可以说，他已经体解了无我的真理。但是无我并没有抹煞众生的生死轮回；生死还是生死，轮回还是轮回，众生还是众生，不过其中没有了实我，只有"法"的因缘起灭而已。佛在《阿含经》里便说到：人只不过是六根和合，除眼、耳、鼻、舌、身、意之外，要求"我"是不可得的。佛又分析，人不外是色、受、想、行、识五蕴和合；或者是不外乎地、水、火、风、空、识，这六大结合起来便成为人，此外求人，再不可得。所以佛一再宣说，除了法之外，根本就没有如外道所想像的一个永恒不变的真我。如此一来，好像只有几种元素，只有法而没有了众生。这在佛法，便称之为我空，没有真实的我，而只有诸法因缘和合的假我而已。如此，见到众生，尽管他没有我，但是由于因缘和合而起烦恼、造业、受果报；一下子得升天上，一下子又生在人间，欢喜不了多久，又有新的苦恼，永远是在那里哭笑不已。若由此而生起慈悲心则为法缘慈，这在一般人是不可能做到的。

大多数的人所具有的是众生缘慈;若谈到众生的苦恼,总想成有个实实在在的众生在那里苦恼着。

法缘慈,必须是在证悟了声闻乘的圣果以后而起的慈悲心,但这还不能一切法空与慈悲相应。在证得圣果的,虽决定不执诸法实有,但心目中的法还是呈现实有的形相。如对六根、五蕴,看成实在存在着的;没有证得的学者,就会在法上执著,而成"法有我无"的思想。举个例子来说:平常人见到书,便会把书当做是实实在在的。而法缘慈的人,便会了解书是一张张的白纸装订起来,然后在白纸之上写了黑字。同样是书本,它却可以是令人起恭敬心的经典,也可以是一本普通的小说,甚或是一本禁书等等。因此,知道书本是不实有的,但是他却执著于那一张张的纸与那些黑字,认为它们是实有的。所以,小乘人多数认为除了法之外,假我是不存在的。法缘慈就是这样,虽然知道众生无我,但却有众生的假相;否则,连众生相都没有了,怎么还会起慈悲心呢? 法缘慈就是二乘圣者的慈心,依凡夫境界来说,已经是相当的高深而不能得了。

第三类是最高深的慈悲,无缘慈。小乘人所执著的法,在大乘人看来,依然是属于因缘和合的。我们的身心活动,依然是由因缘和合而生起变化;那么不但众生是由因缘假合,即使一切法也是由因缘假合,这样才能够了解到一切如幻如化,并没有真实的众生与法。在我法皆空、因缘和合、一切法如幻如化之中,众生还是要作善生天上,或是作恶堕到恶道,享乐的享乐,痛苦的痛苦,在生死轮回之中永远不得解脱。菩萨便是在这个境界上生起慈悲心。如有一个人很早便去就寝了,不久之后,大家听到他的惊惧喊叫声,跑去一看,知道他是做了噩梦,但是叫他却又不容易叫醒。这时,我们就很容易地想到,他梦中所见的明明就是虚幻不实有的东西,但是他的痛苦却又是如此真切、如此深刻。菩萨眼中所见到的众生,沉溺在苦海中便是如此的情况。

因此,菩萨并非见到了真实的众生或真实的法而起慈悲心的,他是通达了一切法空之后而起慈悲心的,这便叫做无缘慈。在一切法空的深悟中,不碍缘有,还是见到众生的苦痛,只是不将它执以为实有罢了。到这时,般若与慈悲二者便可说是合而为一,这才是真正的大乘慈悲,所以又叫它为同体大悲。一切法都是平等的,而就在这平等中,没有了法与众生的自性,而法与众生宛然现前。即空而起慈,这便叫无缘慈。所以讲到佛菩萨的慈悲,这其中一定有般若,否则便不成其为真正的慈悲;讲到般若,也必须包含了慈悲,否则这种智慧也就不是佛菩萨的智慧了。

(录自《华雨集》一,113—119 页,本版76—80 页。)

三 自利与利他

一 净心第一·利他为上

菩萨的修学佛法,是为了众生。要利益众生,就必须自己修治悟入。所以菩萨是为了利他而自利,从利他中完成自利。如专为了自己这样那样,就不是菩萨风格,而是声闻了。

（录自《宝积经讲记》,269 页,本版 177 页。）

※　　※　　※　　※

人类生活于社会上,决不能单独地存在,必须你依我,我依你,大家互相展转依持。如子女年龄幼小时,依靠父母抚养教导;等到父母年老,也要依子女侍奉供养。推而广之,社会上一切农、工、商、政,没有不是互相依仗而展转增上的。依佛法说,范围更大,宇宙间一切众生界,与我们都曾有过密切的关系,或者过去生中做过我们父母兄妹也说不定。只因业感的关系,大家面目全非,才不能互相认识。有了这自他增上的了解,就可培养我们一种互助、爱人的美德,进而获得自他和乐共存。否则,你害我,我害你,互相欺骗、残害,要想谋求个人的幸福、世界的和平,永远是一个不可能的问题。所以,世界是由我们推动的,要想转秽土成净土,全在乎我们能不能从自他和乐做起而决定。

关于修行的方法,虽然很多,主要的不外:"净心第一"和"利他为上"。学佛是以佛菩萨为我们理想的目标,主要是要增长福德和智慧,但这必须要自己依着佛陀所说的教法去实行。修行的主要内容,要清净自心。因为我们从无始以来,内心中就被许多贪、嗔、邪见、慢、疑等不良分子所扰乱,有了它们的障碍,我们所作所为皆不能如法合律,使自他得益,所以修行必先净心。净化内心,并不是摆脱一切外缘,什么也不做、不想。应该做的还是做,应该想的还是想(观),不过要引起善心,做得更合理,想得更合法,有益于自他才对。这如铲除田园中蔓草,不但要连根除去,不使它再生长,而且还要培植一些有用的花草,供人欣赏。所以佛法说,只修禅定还不能解决生死问题,必须定慧双修,断除有漏烦恼才能获得道果。佛法说:"心净众生净"、"心净国土净",都是启示学佛者应从自己净化起,进而再扩大到国土和其他众生。这无论是大乘法和小乘法,都以此"净心"为学佛的主要内容。

其次讲到利他为上:依于自他增上的原则说,个人离开了大众是无法生存的,要想自己获得安乐,必须大家先得安乐。就家庭说,你是家庭中一员;就社会说,你是社会上一分子。家庭中能幸福,你个人才有幸福之可言;社会上大家能够和乐,你个人才能获得真正安宁。这如注重卫生,如只注意家庭内部的清洁,不注重到家庭四周环境的卫生,这是不彻底的卫生。所以小乘行者,专重自利方面,专重自净其心,自了生死。以大乘说,这是方便行,不是究竟。菩萨重于利他,无论是一切时,一切处,一件事,一句话,都以利他为前提。净心第一,还通于二乘;利他为上,才是大乘不共的特色,才更合于佛陀的精神。

（录自《学佛三要》,17—19 页,本版 12—13 页。）

※　　　　※　　　　※　　　　※

利他,首先应明白"利"的意义是什么? 利是利益,利乐;是离虚妄、离丑恶、离贫乏、离苦痛,而得真实、美善、丰富、安乐的。自利与利他,就是使自己或他人得到这样的利益安乐。世间法,有利必有弊,有乐就有苦,虽不是完善的、彻底的,然也有世间的相对价值。佛法流行在世间,所以佛教所说的利,除了究竟的大利——彻底的解脱而外,也还有世间一般的利乐。佛教的出现世间,是使人得"现生乐,来生乐,究竟解脱乐"。唯有声闻——小乘人,才偏重于"逮得己利",重于获得个己的解脱乐。说利他,切勿落入声闻窠臼,偏重于己利,专重于解脱自在的利乐。如忽略"现生乐",即自己狭隘了佛教的内容,自己离弃了人间,也难怪世人的误会了!

利他,有两大类:一是物质的利他,即财施:如见人贫寒而给以衣食的救济,见人疾病而给以医药的治疗,修道路,辟园林等,以及用自己的体力或生命来助人救人。二是精神的利他,即法施:如愚昧的授以知识,忧苦的给以安慰,怯弱的给以勉励;从一切文化事业中,使人心向上、向光明、向中道、向正常、向安隐。

这不但是出世法的化导,也以世间正法来化导,使人类养成健全的人格。提高人类的德性知能,为出世法的阶梯。当然,法施是比财施更彻底的。如给贫苦人以衣食的救济,是财施;这只是临时的,治标的。如以正法启迪他,授以知识技能,帮助他就业(除幼弱老耄残废而外),即能凭自己的正当工作获得自己的生活,这比临时的救济要好得多。佛法中,出世法施胜过世间法施,法施比财施更好,然决非不需要财施,不需要世间法施。如专以解脱自在为利,实在是根本地误解了佛法。

即以出世的法施来说,从使人得解脱来说,也并不像一般所想像的偏差。解脱,要从熏修行持得来。小乘行者,初发出离心,即种下解脱的种子;以后随顺修学,渐渐成熟;最后才证真断惑得解脱。大乘行者,初发菩提心,即种下菩提种子;经长时的修行成熟,才能究竟成佛。大乘与小乘,都要经历"种"、"熟"、"脱"的过程。所以出世法的教化,也不只是使人当下解脱自在,才是利他。使人"种"、"熟",难道不是利他?使人当前解脱,非自己解脱不可(也有自己未曾解脱而能使人解脱的事证)。但使人得"种"利,得"熟"利,自己虽并未得解"脱"利,却是完全可能的。所以《涅槃经》说:"具烦恼人"如能明真义的一分,也可以为人"依"(师)。如了解佛法的真意义,不说给人现在安乐的利益,就是专论解脱乐,也决非"非自己先大彻大悟不可"。不过真能解脱自在,利益众生的力量,更深刻更广大而已。质疑者,从非要大彻大悟不可所引起的疑难,本来不成问题。可是一分佛弟子,极力强调当前解脱自在的利益,唱起非自利不能利他的高调。结果,是否做到(解脱的)自利还不得而知,而一切利他事行,却完全忽略了!

（录自《学佛三要》,142—145 页,本版 93—95 页。）

※　　　※　　　※　　　※

世间的凡夫,不能有纯粹的利他,一切都是从自己打算而来。专为私我打算,结果也不能有真正的自利。然在佛法中,声闻乘重在断烦恼、了生死,着重于自己身心的调治,称为自利。这在离系缚、得解脱的立场来说,是不可非难的。声闻乘着重身心的调伏,对人处事,决不专为私利而损他的。声闻贤圣,一样的持戒、爱物、教化众生,这与凡夫的自私自利根本不同。大乘指斥他们为小乘自利,是说他过分着重自心烦恼的调伏,而忽略了积极的利他,不是说他有自私的损人行为。大乘道也不是不重视身心的调治（自利）,只是着重利他,使自利行在利他行的进程中完成,达到自利利他的统一。凡夫学大乘道,以大悲心为动力,以普度众生的悲心来广学一切。经上说:"菩提所缘,缘苦众生。"众生受无量苦,菩萨起无量悲行,所以大乘道是"以大悲为上首"的。然发心利他,并不忽略自己身心的调治,否则"未能自度,焉能度人"! 如不解不行,不修不得佛法,既无智慧,又无能力,那怎能利他呢! 所以为了要度一切众生,一定要广学一切——戒定慧三学、六波罗蜜等。如出发于悲心,那么深山修禅、结七、掩关,也都是为了造就救度众生的能力。所以菩萨的修学与小乘的出发于自利不同,一切是为了利他。如为众生、为人群服务,做种种事业,说种种法门,任劳任怨,舍己利人,是直接的利他。修禅定、学经法等,是间接的利他。菩萨是一切为了利他,所以对身内的、身外的一切,不把它看作一己私有的,一切功德回向众生,就是得了优越的果报,也愿与大众共其利益。老子所说的"为而不恃,功成不居",就与大乘的心行相近。事情做好了,不当作自己的;功德成就了,推向大众去。功德的回向一切众生,便是大乘利他精神的表现。

菩萨的自利,从利他中得来,一切与利他行相应。如持戒,即不妨害众生;习定而修慧发通,可以知根机而化济众生。大乘道的自利,不碍利他,反而从利他中去完成。说到大乘道的自利利他,也不一定是艰难广大的,随分随力的小事也一样是二利的实践,只看你用心如何! 如这块小园地,执著为我所有的,我栽花,我种树,我食用果实,这就是自私的行为。即使是物物交换,社会得其利益,也算不得真正的利他。大乘行者就不同了,不问这株树栽下去,要多少年才开花,多少年才结果;不问自己是否老了,是否能享受它的花果;也不为自己的儿孙打算,或自己的徒弟着想。总之,如地而有空余的,树而于人有益的——花可以供人欣赏,枝叶可以乘凉,果可以供人摘了吃;或可以做药,或可以做建材,那就去栽植它。但问是否于人有益,不为自己着想,这便是菩萨行了。行菩萨道的,出发于利他,使利他的观念与行为逐渐扩大,不局限于个人、一家、一乡等。凡是于众生、于人类有利益的,不但能增长自己未来的功德果报,现生也能得社会的报酬。如上所说的小小利他功德,还能得现生与未来的自利,何况能提高向佛道的精进,扩大利他的事业,为众生的究竟离苦得乐而修学呢! 所以凡不为自己着想,存着利他的悲心,而做有利众生的事,就是实践菩萨行,趣向佛果了。

自利利他,同时成就。

　　（录自《佛在人间》,109—112 页,本版 74—76 页。）

二　重于利他的大乘

　　净化身心,扩展德性,从彻悟中得自利的解脱自在,本为佛弟子的共同目标。声闻道与菩萨道的差别,只在重于自利,或者重于利他,从利他中完成自利。声闻不是不能利他的,也还是住持佛法,利乐人天,度脱众生,不过重于解脱的己利。在未得解脱以前,厌离心太深,不大修利他的功德。证悟以后,也不过随缘行化而已。而菩萨在解脱自利以前,着重于慈悲的利他。所以说:"未能自度先度人,菩萨于此初发心。"证悟以后,更是救济度脱无量众生。所以声闻乘的主机,是重智证的;菩萨乘的主机,是重悲济的。

　　菩萨道,在初期的圣典中,即被一般称做小乘三藏中,也是存在的,这即是菩萨本生谈。菩萨在三大阿僧祇劫中,或做国王、王子,或做宰官,或做外道,或做农工商贾、医生、船师;或在异类中行,为鸟为兽。菩萨不惜财物,不惜身命,为了利益众生而施舍。阎浮提中,没有一处不是菩萨施舍头目脑髓的所在。他持戒、忍辱、精勤地修学,波罗蜜多的四种、六种或十种,都是归纳本生谈的大行难行而来。这样的慈悲利他,都在证悟解脱以前,谁说非自利不能利他! 等到修行成熟,菩提树下一念相应妙慧,圆成无上正等正觉。这样的顿悟成佛,从三大阿僧祇劫的慈悲利他中得来。菩萨与声闻的显著不同,就是一向在生死中,不求自利解脱,而着重于慈悲利他。

初期的大乘经,对于菩萨的三祇修行与三藏所说的小小不同。大乘以为:菩萨的利他行在没有证悟以前,是事行、胜解行,虽然难得,但功德还算不得广大。彻悟的证真——无生法忍以后,庄严净土,成熟众生的利他大行,功德是大多了。因为这是与真智相应,是事得理融的,平等无碍的。大乘分菩萨道为二阶:般若道,凡经一大僧祇劫,是实证以前的,地前的。唯识宗称为资粮位,加行位(到见道位)也名胜解行地。证悟以后是方便道,凡经二大僧祇劫,即登地菩萨,唯识家称为从见道到修道位。大体地说:地前菩萨,虽有胜解而还没有现证,广集无边的福智资粮,与本生谈所说相近。大地菩萨,现证了法界,如观音菩萨等慈悲普济,不可思议。本生谈中的一分异类中行,属于这一阶段的化身。虽有未证悟、已证悟二大阶位,而未证悟前,菩萨还是慈悲利物,决无一心一意趣求解脱自利的。所以据菩萨行的本义来说,质疑者的疑难完全出于误解,根本不成问题。观音菩萨等寻声救苦,是大地菩萨事,然并非人间的初学菩萨行者,不要实践慈悲利物的行为。

不过,一分的后期大乘,自称为大乘的最大乘,上乘的最上乘;至圆至顿,至高至上。不再是大器晚成,而是一心一意地速成急就。于是乎"横出"、"顿超"、"一生取办"、"三生圆证"、"即身成佛"、"即心即佛"等美妙的术语,大大地流行起来。"生死未了,如丧考妣";"生死事大,无常迅速"。这一类声闻的厌离心情,居然活跃于至圆至顿的大乘行者的心中。山林清修,被称美为菩萨的正道,而不再是走向"京都城邑聚落"了。在这种思想中,质疑者的疑难,也自以为不成问题的。因为一切利他功德,本来圆成,不需要向外求索。如一念证悟,即具足六波罗蜜,无边功德,一点也不缺少。在理论上,在心境上,当然言之成理,持之有故。然在一般凡夫的眼光中,这种菩萨的利他功德,不过是宗教徒自心的内容。从表现于实际来看,但见自利,并未利他,并不能免却难者的怀疑。

抗战期中,虚大师从南洋访问回来说:南方的教理是小乘,行为是大乘;中国的教理是大乘,行为是小乘。其实,南方的佛教虽是声闻三藏,由于失去了真正的声闻精神,几乎没有厌离心切、专修禅慧而趋解脱的。缺乏了急求证悟的心情,所以反能重视世间的教化,做些慈善文化事业。而中国呢,不但教理是大乘的最大乘,顿超直入的修持,也是大乘的最大乘。称为大乘的最大乘,实是大乘佛教而复活了声闻的精神——急求己利、急求证入。失去了悲济为先的大乘真精神,大乘救世的实行,只能寄托于唯心的玄理了!

（录自《学佛三要》,145—149 页,本版95—97 页。）

三　长在生死利众生

大乘佛教的修学者——菩萨,如没有证悟,还不能解脱自在,他怎么能长期地在生死中修行? 不怕失败吗? 能自己作得主而不像一般凡夫的堕入恶道,或生长寿天吗? 自己不能浮水,怎能在水中救人？难道不怕自己沉没吗？一分学者的专重信愿，求得信心的不退；或专重智证，而趋于急求解脱，急求成佛，这都不外乎受了这种思想的影响。

当然，自己不能浮水，不能入水救人。然而，自己离水上岸，又怎么能在水中救人？声闻人急求自证，了脱生死，等到一断烦恼，即"与生死作隔碍"，再不能发菩提心——长在生死修菩萨行。虽然大乘经中，进展到还是可以回心向大的结论，然而被痛责为焦芽败种的，要费多大的方便，才能使他回向大乘呢？要再修多少劫的大乘信心，才能登菩萨地呢？即使回入菩萨乘，由于过去自利的积习难返，也远不及直往大乘的来得顺利而精进。所以大乘经中，以退失菩提心为犯菩萨重戒；以悲愿不足而堕入自利的证入为必死无疑。不重悲愿，不集利他的种种功德，一心一意地自利，以为能速疾成佛，这真是可悲的大乘真精神的没落！

在水中救人，是不能离水上岸的。要学会浮水，也非在水中学习不可。菩萨要长在生死中修菩萨行，自然要在生死中学习，要有一套长在生死而能普利众生的本领。但这非依赖佛力可成，也非自己先做到了生脱死，解脱自在，因为这是要堕入小乘深坑的。菩萨这套长在生死而能广利众生的本领，除"坚定信愿"、"长养慈悲"而外，主要的是"胜解空性"。观一切法如幻如化，了无自性，得二谛无碍的正见，是最主要的一着。所以经上说："若有于世间，正见增上者，虽历百千生，终不堕恶趣。"唯有了达得生死与涅槃都是如幻如化的，这才能不如凡夫的恋著生死，也不像小乘那样的以"三界为牢狱，生死如冤家"而厌离它，急求摆脱它。这才能不如凡夫那样的怖畏涅槃，能深知涅槃的功德,而也不像小乘那样的急趣涅槃。在生死中浮沉,因信愿、慈悲,特别是空胜解力,能逐渐地调伏烦恼,能做到烦恼虽小小现起而不会闯大乱子。不断烦恼,也不致作出重大恶业。时时以众生的苦痛为苦痛,众生的利乐为利乐;我见一天天地薄劣,慈悲一天天地深厚,怕什么堕落?唯有专为自己打算的,才随时有堕落的忧虑。发愿在生死中,常得见佛,常得闻法,"世世常行菩萨道",这是初期大乘的共义,中观与瑜伽宗的共义。释尊在经中说:"我往昔中多住空故,证得阿耨多罗三藐三菩提。"这与声闻行的多修生死无常故苦,厌离心深,是非常不同的。大乘经的多明一切法空,即是不住生死,不住涅槃,修菩萨行的成佛大方便。这种空性胜解,或称"真空见",要从闻思而进向修习,以信愿、慈悲来助成。时常记着"今是学时,非是证时"(悲愿不足而证空,就会堕入小乘),这才能长在生死中,忍受生死的苦难,众生的种种迫害,而不退菩提心。菩萨以"布施""爱语""利行""同事"——四摄法广利一切众生。自己还没有解脱,却能广行慈悲济物的难行苦行。虽然这不是人人所能的,然而菩萨的正常道,却确实如此。

（录自《学佛三要》,149—152 页,本版 97—99 页。）

四　从利他行中去成佛

（一）三　心

大乘道,发愿以后,就应该见于实行。说到菩萨的正行,就要先论到菩萨行所不可少的要素。声闻乘与缘觉乘，是通于因果的。但大乘中，重于因行的，名菩萨乘；重于果德的，名佛乘。因圆果满，为大乘法的全体。现在从成佛之道——因行来说，大乘是菩萨所乘的法门；依此法门，从凡夫地而趣入大菩提，也叫一切智海。菩萨行中，不论修持什么，有必不可少的三要则。例如布施，一、要与菩提心相应，就是为了上求下化的志愿而布施。二、施时要以慈悲心为上首，为先导，就是从慈悲心而引发布施。三、法空慧是方便，方便是善巧的别名。如不著施者、受者、所施的物件，名为有方便。如没有法空慧，著相布施，名为不善巧，无方便，不能出离生死，而趣向一切智海。可以说：菩提心是志愿所在，慈悲心是动机，法空慧是做事的技巧。如依此三要门为本，善巧地修习一切行：世间善法的五戒、十善、三福业也好；出世善法的四谛、缘起、三学、八正道、三十七道品也好；大乘法的六度、四摄、百八三昧、四十二字门等也好：这一切行皆就归入于成佛之道的一乘法了。简单地说：有了这三心，一切善行都是大乘法；如离了这三心，或缺少了，什么也不是成佛的法门了。

《大般若经》说到菩萨的修行时，总是说："一切智智相应作意，大悲为首，由无所得而为方便"；这就是本文所说的三心。依此，龙树的《宝鬘论》说："本谓菩提心，坚固如山王；大悲遍十方；不依二边慧。"《大日经》也大体相同说："大菩提为因，悲为根本，以方便而至究竟"（汉译误作方便为究竟）。一切智智相应作意，就是《法华经》的"一切智愿"，也就是菩提心的别名。大悲是遍十方一切众生而起，所以说遍十方际。无所得是般若，就是不依有无二边的空性慧。《大日经》兼存有相说，所以说以种种的方便而到达究竟。但成佛的主要方便,不能不说是都无所得的空慧。因为如取著相,什么都不能到于究竟了。在大乘法中,这三者是同等的重要,不可或少的。但大乘经是各有所宗重的,或特重菩提心,或特重大悲心,或特重般若的都无所得;每把它说作首要的。这是依所宗要而巧说,其实这三者,初学是可以偏重而不可偏废的。

　　这三心是大乘的通行,正与儒者的三达德——智、仁、勇一样。这本是人类的特胜:忆念胜,梵行胜,坚忍胜;也就是理智的、情感的、意志的特胜。重于人乘正行的儒者,也就揭示了人乘通德的智、仁、勇。大乘法,本是着重依人乘而直入佛道的,所以也就揭示了:究竟无上的志愿——菩提心;普遍平等的同情——慈悲;彻法源底的智慧——空慧,为大乘行必备的通德。因此,大乘法行,就是使人类特胜的德性净化(俗称升华),使它融和进展而到达完成。成佛时,菩提心成法身德,慈悲心成解脱德,法空慧成般若德。如来的三德秘藏,不是别的,只是人生德行的最高完成。大乘的真义,与带有隐遁倾向的小乘行、带有神秘气息的天乘行,是不大相同的。大乘的真义,实是人生的趣向于究竟,"即人成佛"的法门。

　　(录自《成佛之道》,262—265 页,本版 179—181 页。)

　　　　　　※　　　　※　　　　※　　　　※

　　菩萨行是非常深广的,这只能略举大要,可从《般若经》的依止三心而行六度万行来说。三心,是"一切智智相应作意,大悲为上首,无所得为方便"。一、无所得为方便,是菩萨行的善巧——技巧。一般的行为,处处为自我的私欲所累,弄得处处是荆棘葛藤,自己不得自在,利他也不外自私。这惟有体悟空无所得,才能解脱自由。声闻虽体悟不取一切法相的空慧,由于偏于空寂,所以自以为一切究竟,不再努力于自利利他的进修。这样,无所得又成为障碍了。菩萨的空慧,虽是法增上的理智,但从一切缘起有中悟解得来,而且是悲愿——上求佛道、下化有情所助成的,所以能无所为而为,成为自利利他的大方便。二、一切智智相应作意,是菩萨行的志向。一切智智即佛的无上觉。心与佛的大觉相应,浅显地说,这是以悲智圆成的大觉大解脱为目标,立定志向而念念不忘地趋求,要求自己也这样的大觉,这是自增上的意志。一般的意欲,以自我为中心而无限地渴求。声闻行以无贪得心解脱,偏于自得自足。菩萨的发菩提心,是悲智融和净化了的意志。有这大愿欲,即是为大觉而勇于趋求的菩萨。三、大悲为上首,菩萨行的方便、志趣,都以大悲为上首的。大悲是菩萨行的动机,是世间增上的情感。为了救济一切,非以无所得为方便,一切智智为目标不可。"菩萨但从大悲生,不从余善生。""未能自度先度他,菩萨于此初发心。"这是菩萨行的心髓,以慈悲为本,从利他中完成自利——其实是自利与利他的互相促进,进展到自利利他的究竟圆成。

（录自《佛法概论》,251—252 页,本版 170—171 页。）

（二）依三心修六度

依上面所说的三心,才能修菩萨的六度。但这是说,菩萨的一切德行，不能离去这伟大目标、纯正动机、适当技巧，不是说三者圆满了再来修学。六度是菩萨行的大纲，如《增一含·序品》说："菩萨发意趣大乘，如来说此种种别，人尊说六度无极，布施、持戒、忍、精进、禅、智慧力如月初，逮度无极观诸法。"现在略叙它的特点：一、施：菩萨布施，初发心时，即将一切舍与有情。不仅是财物，就是自己的身体、知能，也否定为私有的，奉献于一切，因为这是依于父母师长等而来。即以财物来说，再不看作自己的。一切属于一切，自己仅是暂时的管理人。从世间缘成、世间共有的立场，为法为人而使用这些。就是修行的功德，也是由于佛菩萨的教导，由于有情的助成，也不能执为自己私有的。愿将此一切归于——回向有情，等一切有情成佛，自己再成佛。"有一众生未成佛，终不于此取泥洹。"这样的一切施，即菩萨"净施"。二、戒：为自他和乐善生而不得杀、盗、淫、妄，菩萨是更彻底的。声闻适应印度重定的天行——重于离欲净心，所以以淫、盗、杀、妄为次第，严格地禁止男女情欲。菩萨从"本来清净"、"本来不生"的悟解，又从净化自心而回复到自他的和乐，又以不得杀、盗、淫、妄为次第。对于一切有情的悲济，虽不为局限于人类的学者所谅解，但扩展慈悲不忍的同情到一切，显出了对于善生的无限尊重。从大智的契合真理、大悲的随顺世间来说，戒律决非消极的"不"、"不"可以了事；必须慈悲方便的能杀、能盗、能淫、能妄，才能完满地实现。如有人残害人类——有情，有情因此遭受难堪的苦迫。如不杀这恶人，有情会遭受更大的惨运；恶人将造成更大的罪恶，未来会受更大的痛苦。那么宁可杀这恶人，宁可自己堕地狱，不能让他作恶而自害害他。这样,应以慈悲心杀这恶人,这不是杀少数救多数,是普救一切,特别是对于作恶者的怜愍。因为怜愍他,所以要杀他。但愿他不作恶业,不堕地狱,即使自己因此落地狱,也毫不犹豫。对于杀害这个人,是道德的,是更高的德行,是自愿牺牲的无限慈悲。同样的,无论是国王、宰官、平民,如有非法的掠取财物,那不妨"废其所主",取消这王臣及聚落主的权位,从巧取、豪夺、侵占、偷窃者手中夺回来,归还被夺者,这当然需要方便——技巧。推翻他,从他手中索回,对于这个人或少数人也是善行。如让他受用非法得来的财物,即会加深他的罪恶;夺他,即是拯救他。菩萨的心中,是没有疾恶如仇的,应该是悲悯恶人过于善人。但这不是姑息纵恶,要以"我不入地狱,谁入地狱"的精神,起来杀他夺他。对于合理的少数或个人——多数是更应该的,为了救护他,不使他受非法的杀害、掠夺、奸淫、欺诳,如非妄语不可时,即不妨妄语。对于异性的恋合,如可以因此而引他入正途,使他离恶向善,出家者也不妨舍戒还俗,以悲悯心而与他好合。总之,不得杀、盗、淫、妄,为佛法极严格的戒条,甚至说:一念盗心即犯盗戒,一念淫心即犯淫戒,谨严到起心动念处。然而为了慈悲的救护,菩萨可以不问所受的戒而杀、盗、淫、妄。这样的犯戒,是合理的持戒,是究竟的持戒,所以说:"有犯戒成尸罗波罗蜜,谓菩萨教化众生,不自观戒。"三、忍:施能摄受大众,戒能和乐大众,但有情间的隔碍、误会嫉害,是免不了的。菩萨为了贯彻上求佛道、下化众生的志愿,必须坚定地忍耐,经得起一切的迫害苦难;即使是牺牲生命,也不能违背菩萨行。难行能行,难忍能忍,这才能完成菩萨的德行。否则,施与戒的努力,会功败垂成。

四、进:这已略有说到。菩萨行的精进是无限的、广大的精进,修学不厌,教化不倦的。发心修学,救济有情,庄严国土,这一切都是为了一切的一切,不是声闻那样的为了有限目标,急求自了而努力。菩萨是任重道远的,如休舍优婆夷那样,但知努力于菩萨行的进修,问什么成不成佛。五、禅:这是自心调伏的静定,不一定是静坐,坐不过是初学的方便。菩萨禅要与悲智相应,从一切处去实践,做到动定静也定,如维摩诘所说的那样。《中含·龙象经》也说:"内心至善定,龙(喻佛)行止俱定,坐定卧亦定,龙一切时定。"又如弥勒菩萨那样的"不修禅定,不断烦恼",可作初学菩萨行的模范。因为如悲心不足,功德不足,急急地修定,不是落于外道"味定",就落入声闻"证实际"的窠臼。禅定是六度的一度,但应先从悲智中努力。六、慧:从胜义慧的悟入缘起性空说,这是与声闻一致的。不过菩萨应先广观一切法空,再集中于离我我所见。同时,不但是胜义慧,也重于世俗智,所以说"菩萨求法,当于五明处求"。五明中,"声明"是文字、音韵学等;"因明"是论理学、认识论;"医方明"是医药、卫生学等;"工巧明"是理论科学、实用科学;"内明"才是佛法。如不能这样,怎能教化有情? 菩萨的自利利他行,一切都摄在这六度中。

（录自《佛法概论》,252—257页,本版171—174页。）

（三）依六度圆满三心

菩萨的修行六度,出发于三心,归结于三心,又进修于三心的推移过程中。试约菩萨行的历程来解说:一、立菩提愿,动大悲心，得性空见——无所得，这即是无贪、无嗔、无痴三善根的扩展。起初，以大悲心、真空见来确立大彻悟、大解脱的大菩提愿，即是发菩提心——这等于八正道的从正见而正志。不过八正道重于解脱，不谈慈悲。二、本着三心和合的菩提愿，从自他和乐本位，修施、戒、忍、精进，也略学禅、慧，作种种利他事业；这等于八正道的从正志到正精进，即是修大悲行。三、这样的本着三心而精进修行，等到悲心悲事的资粮充足，这才转向自心净化，修定发慧；这等于八正道的从正精进到正定。由利他而自利，证无所得的空寂理，这是般若的实证。四、接着，本着实证慧导摄的三心，广修六度，再从自他和乐本位，"成熟有情，庄严国土"，即是以自利成利他的大悲行——略近声闻自证以上的随缘教化。末了，自利圆满，利他圆满，圆成究竟的大菩提。这佛陀的大菩提，即无贪、无嗔、无痴三善根的圆成，也是依法、依世间、依自的德行的完成。成佛，即是扩展人生，净化人生，圆满究竟的德行，这名为即人成佛。

菩萨不从自私的私欲出发，从众缘共成的有情界——全体而发心修行。对于依法、依自、依世间的，无贪、无嗔、无痴的德行，确能完满开展而到达完成。然从菩萨的入世济生说，我们的世间，由于菩萨僧的从来没有建立，始终受着声闻僧的限制，形成与世隔离。所以菩萨的理想世界——净土，还不能在这个世间出现。有合理的世界，更能修菩萨行，开展增进德性而成佛；如在和乐的僧团中，比丘们更容易解脱一样。所以如确为大乘根性的菩萨众，应该多多为弥勒世界的到来而发心！

（录自《佛法概论》，257—258 页，本版 174—175 页。）

四　菩萨行的精进

　　修菩萨行,是以无尽的法界为境的:亲近供养一切佛,闻持修习一切法,庄严一切国土,度脱一切众生,断尽一切烦恼,……圆满一切功德。"穷虚空,遍法界",什么都是一切的一切。心量的广大,真可说是:虚空一样的广大,大海一样的渊深! 这样的大愿、大行、大果,如没有无限的精进,是不能成就的。所以菩萨的精进度,应有无厌足的心量。求一切佛法而不满足,证得功德而不得少为足;如海一样的吞纳百川,无穷无尽地进趣。唯有这样的无厌足心,才能发为大乘的精进。因此,一、大乘的精进度,不是有限的精进。如农夫下田,某甲尽力收获,得到了一些,就回家去休息享受,某乙也尽力收获,要收割圆满了,才告一段落。在工作的努力方面,也许某甲更紧张,然而某甲到底是工作的懒惰者,某乙才是精进的。这样,声闻的急求自了,如丧考妣,在大乘法中,不能说是真精进。二、精进是持之以恒,而不是不自量力的急进。如二人上山,一人急急地跑,不到半路,心跳足酸,只好停止而退下来。一人是大踏步前进,不是急进的,但能保持体力而不休息的,这样才能登上高山。总之,无厌足的、不休止的善行,才是大乘的精进!

　　在修学的进程中,有时会山穷水尽,无法再进,有的就中止退失了。但是菩萨的精进,现有的(体力、智力、财力、能力)力量,虽是可尽的,而内心的无限精进,却是永不停止的。古人说:"哀莫大于心死";承认失败,放弃努力,是真正的失败了!故事说:有旅客在山中前进,被山鬼障住了路。旅客举左手去打他,可是左手被捉住了。再用右手、左足、右足,末了用头去撞他,头又被鬼缚住了。山鬼说:好勇敢的旅客,你现在还有什么能耐呢?旅客说:我的心,将永远不受束缚而要求前进。山鬼佩服他的胆量与毅力,就让路而让他过去。在修菩萨行的历程中,如由于力量不足而无法进行时,也应这样的保持那前进的决心。

　　对于大乘佛法,不能精进修学,不出于二种障:一、不想进修;二、不敢进修。佛道有这样的功德,为什么不想进修呢?不是推延懈怠,就是染著世乐。有的懈怠成性,什么好事都不能努力去做,总是推延又推延,今天推明天,今年等明年。这样根机,是难得猛进的。如能多多忆念:人命在呼吸间;死亡是不分老年与少年的;人身难得。多念无常,才能警策修行。有些是贪染世间乐事,专在声色货利中过日,忙得不亦乐乎,这也就不想进修佛道。如能思察世乐的不究竟,多引起未来的苦果,如刀头蜜一样,减少世乐的贪染,就会进修法利了。为什么不敢进修呢?因为自己轻视自己,觉得现在是末法时代,自己是根钝障重,深广无边的佛道,实在无法成功。这样的心生怯弱,就不敢承当下来,当然不会精进地修学了!这类心性怯弱众生,容易退取小乘,走那迂回的路子。

　　心性怯弱,不敢进修深广圆满的大乘佛道,每从三方面怯弱退屈下来。一、听说圆满的佛果是永尽一切过失,圆满一切功德的,就自己觉得不行,我怎能得到那么圆满的佛果呢！这就退屈下来了。应该想:十方无量数菩萨,都能修行圆满而成佛,我为什么不能！所以说:"彼既丈夫我亦尔,不应自轻而退屈。"从前曾经堕恶道的,现在已经成佛;现在在恶道中的,将来也要成佛。恶道众生都会成佛,自己现在难得地生在人间,能知道正理,能奉行善行,为什么反而怕不能成佛呢？二、听说菩萨要修难行苦行,施舍手足头目等,觉得太难太苦,自己做不到,就不敢进修而退屈了。这也不对。从无量世以来,每堕落在恶道中,说不尽的苦都受了,为什么为佛道而修行,反而怕起苦来。如长病痛苦不堪,受一次手术,就能彻底治疗,因受手术而来的小苦,难道都不能忍受吗？况且,菩萨的难行,与外道的苦行不同。菩萨修行,有方便善巧,次第学习。忍力成就,悲心增胜,有利益时才施舍身分,并非专以受苦为修道的。三、听说菩萨修行,要长久地处在生死海中度众生,时间这样的长,要积集的资粮又那么的广大无边,觉得自己修不了,也就不敢进修了,这是更不应该的。菩萨能通达生死如幻,才能长在生死中度众生,并非长在生死中堕落受苦。而且,无边资粮是无边的功德,还会嫌多吗？谁会听说财富多而怕计算的麻烦呢？对这些,如由于心性怯弱而有退屈心,应以上面的理论,多多训练自心,让自心坚强起来,精进地荷担佛道,而勿使退屈才是。

不过,世间也有把成佛看得轻易的,以为修习微少功德,就会成佛。这或是从怯弱懈怠中来,或是不知天高地厚,如"初生犊儿不怕虎"一样。如自以为然,等到觉得不是这么一回事,也许要懊悔不及了！

虽然一切众生，毕竟成佛，但就现实的众生性来说，根机是种种不一的。在发心向道的众生中，有是适宜于菩萨行的，有与菩萨法是格格不相入的，也有想学菩萨而不敢修的。适宜于菩萨行的根性，佛当然"为说无上道"了。与菩萨心行格格不相入的，是鄙劣怯弱的根性，如《法华经》的穷子喻：穷子回到故乡，望到财富无量的长者，惊慌失措，吓得逃走都来不及。对于这类根机，不得不为说方便法门——声闻、缘觉乘法，渐渐地引摄化导他。想修菩萨行而不敢修的，知道羡慕佛果的究极圆满，但对于菩萨的广大心行，却不敢担当，精进修行。这也是怯弱众生，缺乏自信，生怕退堕小乘，或沉沦苦海。对于这类众生，二乘方便是不适用的，佛只有用特别的方便来化导了。这类怯弱下劣的根性，想成佛而不愿修学菩萨的大行难行，所以希望求一简单易行而又迅速的方便道。但这是不顺菩萨的菩提愿行的；因为求成佛道，是决无不修菩萨大行的道理。这如龙树菩萨《十住毗婆沙论·易行品》说："问曰：是阿惟越致（不退转）菩萨，……行诸难行，久乃可得，或堕声闻、辟支佛地，若尔者，是大衰患！……若诸佛所说有易行道，疾得至阿惟越致地方便者，愿为说之！（龙树）答曰：如汝所说，是儜弱怯劣，无有大心，非是丈夫志干之言也！何以故？若人发愿欲求阿耨多罗三藐三菩提，未得阿惟越致，于其中间，应不惜身命，昼夜精进，如救头燃。"

怯弱懈怠众生，不敢精进地直入大乘，所以以易行的方便道，信愿为方便，引入大乘的精进道。其实，如能得善巧方便，精进也并非难以成就。这应该修集四种力来助成精进。一、胜解力:胜解是深刻的信解。信解善恶业报的因果道理,及菩萨行的功德与违犯的过失。若能深刻信解,就会生起乐欲,要求远离一切恶,成就一切功德。从这样的胜解欲乐,就能引发精进而使之修行。所以说:"信为欲依,欲为勤依。"越是信解深彻,也就越能精进修行。二、坚固力:在进修中,要有坚固力,这有二种意义。第一,有些人,随随便便,修这修那,无决心,无恒心,结果是养成恶习惯,什么都修不成。所以要审慎而行,可以不行,行就要行得彻底,有始有终,不能中途放弃,这才能养成意志的坚定。第二,进修时要尊重自己,强化自力。成佛大事,要自己力行,不能希望他力,所以说"解脱唯依于自修"(楞严会上阿难的失败,病根就在此)。要肯定自己是能修行的,能战胜烦恼的,坚决地负起菩萨大行的重担,非达到目的不止。三、欢喜力:在修学的过程中,法喜充满,如尝到美味而没有厌足心。越是进修,越是有兴趣,这才能精进修行,愈入愈深。四、休息力:如身心感到疲劳了,应该休息一下,否则会引起厌倦心而障道的。或某一功德修成了,虽略略休息,也意不满足。如这样能修于四力,那就如泉源长流,精进不息,而不太为难了!

（录自《成佛之道》,290—303 页,本版198—207 页。）

五 正常道与方便道

从发起正信而修学成就,是正信的最初修学,这又有两类的进修法:一、正常道的修习信心:正信(正信必有正愿),声闻法中是"出离心",大乘法中是"菩提心"。修学大乘信心的一般方法,如《起信论》说的信佛、信法、信僧,又修布施、持戒、忍辱、精进、止观去助成。这可见,自利利他的大乘信愿,要从事行与理行的修习中来完成。换言之,信心并非孤立的,而是与种种功德相应的,依种种功德的进修而助成的。然经论所说的菩提心,般若道中有三阶:初是愿菩提心,其次是行菩提心,后是证(智)菩提心。前二者,也名世俗菩提心;后一也名胜义菩提心。如说菩提心是离言绝相的,是约胜义菩提心说。如说菩提心为慈悲所成就,那是约行菩提心说。初学大乘信愿,是约愿菩提心说,是上求佛道、下化众生的信愿。初学者,对于佛(菩萨)的无边功德,一切众生的无边苦迫,佛法济世的真实利益,发菩提心的种种功德,应该多多听闻,多多思维。这对于大乘信愿的策发,最为有力。如大乘的信愿勃发,应受菩萨戒,这就是愿菩提心,为法身种子。菩提心,是菩萨的唯一根本大戒。受戒就是立愿;依戒修学,就能渐次进修,达到大乘正信的成就。

二、方便道的修习信心：这是信增上菩萨的修学法。由于"初学是法（大乘），其心怯弱"，所以特重仰信，依佛力的加被而修习。龙树说：这是以信（愿）精进为门而入佛法的，也就是乐集佛功德，而往生净土的易行道。说得最圆满的，要算《普贤行愿品》的十大行愿。这因为佛是无上菩提的圆满实证者，所以将信愿集中于佛宝而修。十大行愿中：（一）礼敬诸佛、（二）称叹如来：是佛弟子见佛所应行的礼仪。（三）广修供养：是见佛修福的正行。（六）请转法轮、（七）请佛住世：从梵王请佛说法，与阿难不请佛住世而来。这都本于释迦佛的常法，而引申于一切佛。（四）忏悔业障：如《决定毗尼经》的称念佛名的忏法。大乘通于在家出家，所以不用僧伽的作法忏，专重于佛前的忏悔。（五）随喜功德、（十）普皆回向：这是大乘法所特别重视的。（八）随顺佛学：即依佛的因行果行而随顺修学。（九）恒顺众生：是增长悲心。

这十大行愿，有三大特点：（一）佛佛平等，所以从一佛（毗卢遮那）而通一切佛，尽虚空，遍法界，而不是局限于一时一地一佛的。（二）重于观念，不但忏悔、随喜、回向，由于心念而修，就是礼佛、供养、赞佛等，也唯由心念。如说："深心信解，如对目前"；"起深信解，现前知见"。这是心中"念佛"的易行道，成就即是念佛三昧。（三）这是专依佛陀果德（摄法僧功德）而起仰信的，一切依佛德而引发。如随顺众生的悲心，因为："若能随顺众生，即能随顺供养诸佛。若于众生尊重承事，则为尊重承事如来。若令众生生欢喜者，则令一切如来欢喜。何以故？诸佛如来以大悲而为体故。"这与上帝爱世人，所以我也要爱人的理论相近,这是偏重于仰信的缘故。

　　信增上菩萨,信愿集中于佛,念念不忘佛,能随愿往生极乐世界。但由信愿观念,所以是易行道。然心心念于如来功德,念念常随佛学,念念恒顺众生,如信愿增长,也自然能引发为法为人的悲行智行。龙树说修易行道的,能"福力增长,心地调柔。……信诸佛清净第一功德已,愍伤众生",修行六波罗蜜。所以,这虽是易行道,是信增上菩萨学法,而印度的大乘行者,都日夜六时的在礼佛时修此忏悔、随喜、劝请、回向。不过智增悲增的菩萨,重心在悲行与智行而已。

　　（录自《学佛三要》,91—94 页,本版 59—61 页。）

第二篇　佛菩萨的胜德及其法门

一　文殊菩萨及其学风

曼殊室利,为文殊师利的异译;文与曼,古音相近。曼殊室利,意译妙(曼殊)吉祥(室利),在大乘佛教中,是以智慧为特德的菩萨,曾为诸佛之师。法王子,是菩萨的尊称。法王指佛陀,佛说"我为法王,于法自在"。法王子是菩萨,如国王的太子,是候补的国王,将来要继承王业的。曼殊室利为佛的继承者,所以称法王子。约这个意义,观音、地藏等大菩萨实也具备继承佛陀的资格,应该也可称为法王子的,而经中为何独以此名尊称文殊?我们知道,佛果是由菩萨因行而来、菩萨因地有种种功德,而主要的是智慧;佛名觉者,也即大菩提;曼殊室利有高超的智慧,于诸菩萨中最为第一,与佛的大菩提相近,若再进一步,便是大觉的佛陀了,故经里处处称赞他为法王子。

（录自《药师经讲记》,36—37 页,本版 24—25 页。）

上称曼殊菩萨为法王子,此地又称他是童子。童子的含义,略说两点:

一、约世俗说:菩萨都是随应众生而现身的,没有一定的形相;为什么样的众生,就示现什么样的身相,一切都是为了适应众生。不过,在诸大菩萨中,曼殊多示现童子相;如观音菩萨,多现女人身,虽然他有三十二应。曼殊菩萨的道场,据《华严经》说,是在印度东北的清凉山,中国佛学者一向肯定即山西五台山。从前无著文喜禅师,因仰慕曼殊菩萨,特地从老远的南方到北方去参拜,结果是走遍全山都不曾遇见菩萨,内心觉得非常失望,惭恨自己的善根浅薄。后来看见一个放牛的小孩,手里牵着一条牛,引导他去参见一位老者。禅师因遇不到曼殊菩萨,心里总有些怏怏不乐,可是等到与他们晤谈后,忽然小孩变了相,骑在一头狮子身上,显然就是曼殊菩萨。这一公案,见于中国的佛教传记。曼殊示现童子相的事迹,在中国很多。

二、约胜义说:菩萨修行,进入高阶段的时候,有一位次叫童子地(即第九地)。童子有良好的德性,一切是那么天真、纯洁,那么热情、和乐,易于与人为友,没有记恨心,不像世故深的成人那么虚伪、冷酷、无情。菩萨修到那阶段,洋溢着慈悲与智慧,热情与和乐,内心纯净,故以童子形容菩萨,表征菩萨的纯洁、天真、高尚、热情、和乐的美德。

(录自《药师经讲记》,41—42 页,本版 28 页。)

※　　　※　　　※　　　※

在多数的大乘经中,文殊师利(或译"尸利",Mañjuśrī)与弥

勒菩萨,为菩萨众的上首。弥勒是《阿含经》以来,部派佛教所
公认的,释迦会上的唯一菩萨。而文殊,在初期大乘经中,传说
是他方来的,如《文殊师利净律经》(大正一四·四四八中)说:

> "东方去此(娑婆世界)万佛国土,世界名宝氏,佛号宝
> 英如来。……文殊在彼,为诸菩萨大士之伦,宣示不及。"

文殊是东方世界的菩萨,是应释尊的感召而到此土来的。
《文殊师利现宝藏经》也说:文殊"从宝英如来佛国而来";异译
《大方广宝箧经》,作"从宝王世界,宝相佛所来"。赵宋译出的
《大乘不思议神通境界经》,作"东方大宝世界、宝幢佛刹中,所
住妙吉祥菩萨"。"宝英"是"宝相"、"宝幢"的异译,原语应该
是 Ratnaketu。"宝氏",或译作"宝主"、"宝王"、"宝住"("住",
疑是"主"的误写)、"大宝",是文殊所住的,东方世界的名称。多
氏《印度佛教史》说:文殊师利现比丘相,来到欧提毗舍(Oḍiviśa)
旃陀罗克什达(Candrarakṣita)的家中。据《印度佛教史》,欧提
毗舍为东方三大地区的一区。这也暗示着文殊师利(所传法
门)是与东方有关的。支谦所译的《惟日杂难经》,说南方"有最
尊菩萨,字文殊斯利"。欧提毗舍即现在的奥里萨(Orissa),地
在印度东方与南方的中间;如《大唐西域记》,就是划属南印度
的。文殊师利从东方(也可说南方)来,是初期大乘经的一致传
说。迟一些,《弘道广显三昧经》说:文殊所住的宝英如来的宝
饰世界,在下方。《华严经》说:文殊师利住在东北方的清凉山。
从此,秘密大乘所传的《大方广菩萨藏文殊师利根本仪轨经》、
《文殊师利法宝藏陀罗尼经》,也都说文殊在东北方了。

从东方来的文殊师利，是现出家比丘相的。如《文殊师利现宝藏经》说：在安居期间，文殊"不现佛边，亦不见在众僧，亦不见在请会，亦不在说戒中"，却在"王宫采女中，及诸淫女、小儿之中三月"，所以大迦叶要"扙楗槌"，将文殊驱摈出去。这表示了文殊是出家比丘，但不守一般的律制。依经说，这是"文殊师利童子，始初至此娑婆世界"。还有可以论证文殊是现出家相的，如文殊到喜信净世界光英如来处，在虚空中，作大音声。光英佛的弟子问佛："谁为比丘色像，出大音声？"《文殊支利普超三昧经》说：文殊与大迦叶，应阿阇世王宫的供养，迦叶让（"着衣持钵"的）文殊先行。《离垢施女经》中，"八菩萨及八弟子［声闻］，明旦，着衣持钵，入城分卫"，文殊是八菩萨之一。《大般若经·那伽室利分》说："妙吉祥菩萨摩诃萨，于日初分，着衣持钵，……入此室罗筏城巡行乞食。"《文殊师利般涅槃经》说：文殊"唯于我（佛）所出家学道，……作比丘像"。从初期大乘经看来，东方来的文殊师利，确定是出家的比丘。

文殊师利从东方来，留着没有回去。文殊赞助了释尊的教化，也独当一面地弘法，成为初期大乘的一大流！"文殊师利法门"，与释尊的（传统的，大乘的）佛法，在应机开示、表达佛法的方式上，是有显著差别的。文殊师利是从宝氏世界、宝英佛那边来的。宝英佛那边的佛法，与此土释尊的佛法不同，如《清净毗尼方广经》（大正二四·一〇七六中、一〇八〇中）说：

　　"彼诸众生，重第一义谛，非重世谛。"

　　"（此土所说）一切言说，皆是戏论，是差别说，呵责结使说。世尊！宝相佛土无有是说，纯明菩萨不退转说，无差别说。"

大乘经的文殊法门，就是宝相佛土那样的，重第一义谛，重无差别，重不退转的法门。《那伽室利分》说："尊者所说，皆依胜义。"《濡首菩萨无上清净分卫经》说："濡首诸所可说，彼之要言，但说法界。"《决定毗尼经》说："文殊师利所说之法，依于解脱。"依胜义、依法界、依解脱，文殊法门的特色，与《清净毗尼方广经》所说的，完全符合。

"文殊师利法门"，不是释尊那样的，依众生现前的身心活动——蕴、处、界、缘起，次第地引导趣入；是依自己体悟的胜义、法界、解脱，直捷地开示，使人也能当下悟入的。这可说是声闻与大乘的不同，如《文殊师利现宝藏经》说："向者世尊说弟子[声闻]事，愿今上人说菩萨行！"文殊所说的菩萨法，在（代表传统佛教的）比丘们听起来，是觉得与（向来所学的）佛法不合的，所以《文殊师利巡行经》（大正一四·五一一上）说：

> "五百诸比丘众……作如是言：我不用见文殊师利童子之身，我不用闻文殊师利童子名字。随何方处，若有文殊师利童子住彼处者，亦应舍离。何以故？如是文殊师利童子，异我梵行，是故应舍。"

"梵行"，是释迦佛开示学众所修的。文殊所说的不同，那当然要舍离而去了。在大乘经中，释尊当然也是说大乘法的，然与文殊所说的，每有不同的情形。如佛说三种神变——"说法、教诫、神通"；文殊说更殊胜的神变："若如来于一切法不可说，无文字，无名相，乃至离心意识，一切语言道断，寂静照明，而以

文字语言宣说显示,是名诸佛最大神变。""于一切法所有言说,
悉名神变。……一切言说实无所说,名大神变。"如佛以四法,
分别解答菩萨三十二事;文殊再答三十二事,却不用分别解答的
方法。如师子步雷音菩萨问文殊:"久如当成无上正真之道?"
"发意久如应发道心?"文殊师利一再反诘而不作正面答复。为
什么不说?佛以为,"文殊师利在深妙忍,所入深忍,不逮得道
[菩提],亦不得佛,复不得心,以无所得故不说";还是由佛代文
殊说。总之,使人感觉到的,文殊法门的表现方式,与声闻法不
同,也与一般叙述、分别说明的大乘法不同。

　　"文殊法门"的独到风格,在语言表达上,是促使对方反观
的,或反诘的、否定的。超越常情的语句,每使人震惊,如《阿阇
世王经》卷下(大正一五·四〇〇中)说:

　　　"饭事既讫,阿阇世则取一机,坐文殊师利前。自白
　　言:愿解我狐疑!文殊师利则言:若恒边沙等佛,不能为若
　　说是狐疑!阿阇世应时惊怖,从机而堕。"

　　阿阇世王造了杀父的逆罪,想到罪恶的深重,内心非常疑悔
不安,所以请文殊说法,希望能解脱内心的疑悔(也就是出罪
了)。文殊却对他说:不要说我文殊,就是数等恒河沙的佛,也
不可能为你说法,当然也不会解除你内心的疑悔。这不是绝望
了吗?非堕不可。所以阇王惊怖,竟从座上跌下来。其实,这是
说:佛觉了一切法如虚空,本来清净,不是可染污的,也没有染污
而可除的。所以说:阇王的疑悔,是恒河沙数佛所不能说的。如
《诸法无行经》中,诸天子赞叹文殊说:"文殊师利名为无碍尸

利，……无上尸利！"而文殊却说："我是贪欲尸利，嗔恚尸利，愚痴尸利！……我是凡夫！……我是外道，是邪行人！"这当然不能依语句作解说，而有深一层意义的。这类语句，就是"密语"，成为"文殊法门"的特色！

　　文殊法门，不只是语句的突出，在行动上也是突出的。在经中，文殊常以神通来化导外，《文殊师利现宝藏经》说到：在夏安居的三个月中，文殊没有来见佛；没有住在僧团中；没有受僧中的次第推派，去应施主的请食；也没有参加说戒。直到三个月终了，文殊才出现在自恣（晋译作"常新"）的众会中。据文殊自己说："吾在此舍卫城，于和悦［波斯匿］王宫采女中，及诸淫女、小儿之中三月。"大迦叶知道了，要把文殊摈出去，代表了传统的佛教。文殊是现出家相的，出家比丘，每年要三月安居，这是律制而为佛教界所共同遵行的。在律制中，出家人不得无故或太早入王宫；不得邻近淫女与童女。文殊在安居期间，却在王宫采女、淫女、小儿中。这是以出家身份，而作不尊重律制的具体表现。依律制，比丘的生活谨严，说法（及授归戒）是化导众生的唯一方法。文殊法门，不拘小行，表现了大乘的风格。《文殊师利现宝藏经》卷下（大正一四·四六〇中——下）说：

　　　"文殊师利答我言：唯迦叶！随一切人本（行）而为说法，令得入律。又以戏乐而教授众人，或以共（疑是'苦'字）行，或以游观供养，或以钱财交通，或入贫穷悭贪中而诱立之。或现大清净［庄严］行，或以神通现变化。或以释梵色像，或以四天王色像，或以转轮圣王色像，或现如世尊色像。或以恐惧色像，或以粗犷，或以柔软，或以虚，或以

实,或以诸天色像。所以者何? 人之本行若干不同,亦为说
若干种法而得入道。"

佛法的目的,在乎化度众生。化度众生,需要适应众生的根
性好乐;适应众生的方便,不能拘泥于律制谨严的生活。文殊不
拘小行,扩大了化度众生的方便,也缩短了出家与在家者的距
离。如维摩诘现在家的居士身,所作的方便化度,与文殊以出家
身份所作的方便化度,是没有太大差别的。"文殊法门"所表现
的大乘风格,严重地冲击了传统佛教,在佛教界引起广泛的
影响!

行动最突出而戏剧化的,如《如幻三昧经》说:文殊师利为
善住意天子说法,会中有五(百)菩萨,得了宿命通,知道过去曾
造了逆罪——"逆害父母,杀阿罗汉,挠乱众僧,坏佛塔寺"。到
现在,逆罪的余报还没有尽,内心疑悔不安,所以不能悟入深法。
为了教化他们,"文殊师利即从坐起,偏出右肩,右手捉剑,走到
佛所。佛告文殊:且止! 且止! 勿得造逆,当以善害"! 文殊做
出要杀害如来的动作,由佛的制止,使大家悟解到一切如幻,
"彼无有罪,亦无害者;谁有杀者? 何谓受殃? 如是观察惟念本
际[实际],则能了知一切诸法,本悉清净,皆无所生";五(百)菩
萨也就悟得了无生忍。这是教化的大方便! 在传统佛教来说,
这是难以想像的。文殊法门的特征——出格的语句、出格的行
动,到了后期大乘时代,不同的大乘论师兴起,显然地衰落了!
不过,在中国禅宗祖师的身上,倒多少看到一些。

在初期大乘经中,文殊为众说法,情形有点特殊。大乘初
兴,参与法会、问答法义的,《般若经》是须菩提、舍利弗、阿难等

大弟子,弥勒菩萨,帝释天。其他天子来参加法会的,只是歌颂赞叹,散花供养。《阿閦佛国经》是阿难、帝释,《阿弥陀经》是阿难与弥勒,这都是佛教旧传的圣者们。大乘经多起来,一向不知名的菩萨,也在经中出现。而"文殊师利法门",除菩萨以外,都是天子,是有重要地位,参加问答法义的天子。不妨说,"文殊师利法门",主要是为天子说的。

如《持心梵天所问经》说:"持心梵天白世尊曰:溥首童真在斯众会,默然而坐,无所言讲,亦不谈论! 佛告溥首:岂能乐住说斯法乎?《须真天子经》、《商主天子经》、《法界体性无分别经》,都由于天子的请求而后说法的。也有由于优波离、阿难、光智菩萨的请求。在大乘法会中,佛或其他菩萨说了,再由文殊来说,表示出独到的悟境。这不是说明了,大乘法兴起,文殊法门在大乘基础上继起宏扬吗? 文殊法门的发扬,多数是应天子的请求,为天子说法,这表示什么呢? 文殊师利被称为"童子"(kumārabhūta),或译"童真"、"法王子",这里有"梵童子"、舍利弗为"法王长子"的相关意义。文殊师利的出现,是释尊的胁侍——天上弟子大梵天、人间弟子舍利弗,合化而出现大智慧者的新貌。大乘初期的文殊,现出家相,还是上承传统佛教的(后来,文殊现作在家相了)。为天子(主要是欲界天神)说法,多少倾向"梵"的本体论——"文殊师利法门",不正表示了,佛法适应印度梵教的新发展吗? 这一法门,受到天子(天菩萨)们的热烈推崇。如《文殊师利净律经》说:"自舍如来,未有他尊智慧辩才,……如文殊者也!"《文殊支利普超三昧经》说:"溥首童真所可游至,则当观之(为)其土处所,悉为(有)如来,无有空缺,诸

佛世尊不复劳虑。"这样的称叹，与佛对舍利弗的称叹一样。至
于《如幻三昧经》说："亿百千佛所益众生，不及文殊之所开化。"
《濡首菩萨无上清净分卫经》说："濡首童真者，古今诸佛，无数
如来，及众仙圣，有道神通所共称叹。……为一切师。"那简直
比（三藏所传，释迦那样的）佛还伟大呢！

　　在初期大乘经中，"文殊法门"与"般若法门"同源（于"原
始般若"），而有了独到的发展。以语句来说，"皆依胜义"，"但
说法界"（近于禅者的专提向上）。着重于烦恼是菩提、淫欲是
菩提、五逆罪是菩提，而忽略于善心——信、惭、愧等是菩提，善
业、福报是菩提，六度、四无量、四摄等是菩提。以行动来说，作
外道形去化外道，到宫人、淫女处去安居，执剑害佛，而对佛教固
有的教化方式也不加重视。这可说是一切平等中的"偏到"！
这种"偏到"的精神，在"文殊法门"中，从多方面表现出来。如
大乘行者，当然认为胜于（传统的）声闻乘，希望声闻人来学习
大乘。"般若法门"尊重声闻人，以为阿罗汉与具正见的（初
果），一定能信受般若。已证入圣位的，如能发菩提心，那是好
极了，因为上人应更求上法。这一态度与方法（与释尊对当时
外道的态度相同），是尊重对方，含容对方，诱导对方来修学。
对存在于印度的部派佛教，相信能减少诤论，从大小并行中导向
大乘的（后代的中观与瑜伽师，都采取这一态度）。"文殊法门"
却不然，着重于呵斥声闻，如《须真天子经》卷二（大正一五·
一〇四中）说：

　　　"声闻、辟支佛，为猗贡高，为离贡高！菩萨贡高，出彼
　　辈上。"

"菩萨贡高,欲令他人称誉耶?……菩萨方便称誉佛乘,毁弟子乘,……欲令菩萨发大乘,灭弟子乘。"

"得无过耶?……菩萨称誉大乘,毁弟子乘,不增不减也!"

菩萨应该贡高,应该赞佛乘而毁斥声闻,虽然说这是符合事理,并没有过分,但这样的向声闻佛教进攻,怕只会激发声闻佛教界的毁谤大乘!"佛法",释尊本着自觉的体验,为众生说法,不能不应机设教,由浅入深,循循善诱。"文殊法门"却表示了但说深法的立场,如《大宝积经》卷一〇一《善德天子会》(大正一一·五六七上)说:

"若有医人将护病者,不与辛酸苦涩等药,而彼医人于彼病者,为与其差、为与死耶?……其说法者,亦复如是。若将护于他,恐生惊怖,隐覆如是甚深之义,但以杂句绮饰文辞而为演说,则授众生老病死苦,不与无病安乐涅槃。"

平淡的药,治不了重病,与中国所说的"药不暝眩,厥疾不瘳"的意义一样。在医方中,用重药,以毒攻毒,都是治病的良方,但决非唯有这样才能治病。"文殊法门"的譬喻,是说浅法不能使众生解脱,即使听众受不了,惊恐怖畏,诽毁大乘,也要说甚深法("但说法界")。"文殊法门"以为:即使听众受不了,起恶心,堕地狱,也没有关系,如《文殊师利巡行经》(大正一四·五一一中)说:

"（文殊）说此法时，……一百比丘起于恶心，自身将堕大地狱中。尔时，长老舍利弗语文殊师利童子言：文殊师利！仁者说法，非护众生，而失如是一百比丘！"

"舍利弗！此一百比丘，堕大叫唤地狱；受一触已，生兜率陀天同业之处。……此百比丘，弥勒如来初会之中，得作声闻，证阿罗汉。……若不得闻此法门者，则于生死不可得脱。"

经文的意思是，听见甚深法门，功德非常大！虽然起恶心而堕入大地狱，一下子就离苦生天。由于听了深法，所以能在弥勒法会究竟解脱。这样，虽然不信毁谤而堕地狱，也能因此得解脱，比听浅法而不堕地狱，要好得多了！《如幻三昧经》也说：五百比丘听了深法，诽谤经典，现身堕大地狱。文殊师利以为："其族姓子及族姓女，堕大地狱，在大地狱忽闻此经，寻便得出，辄信深经而得解脱。"文殊在《诸法无行经》中，说自己的"本生"：胜意比丘听了甚深法偈，现生堕在大地狱中，百千亿那由他劫在大地狱受苦。从大地狱出来，一直都受人诽谤；听不到佛法；出家又反俗；"以业障余罪故，于若干百千世诸根暗钝"。受足了诽谤大乘深法的罪报，没有《文殊师利巡行经》、《如幻三昧经》所说那样，迅速地得到解脱。但文殊又说："闻是偈因缘故，在所生处，利根智慧，得深法忍，得决定忍，巧说深法。"总之，听深法（不契机）而堕落的，比听法而渐入渐深的，要好得多。为了发扬深义，强化听闻深法的功德，对于应机说法的方便善巧，如大海那样的渐入渐深，被漠视了。

文殊师利菩萨的法门，一向都是以为说"空"的；如古代三论宗的传承,就是仰推文殊为远祖的。但在说"空"的《般若经》(前五会)中,文殊师利并没有参与问答,这是值得注意的事!"中品般若",及"下品般若"的"汉译本"、"吴译本",虽有文殊菩萨在会,但"下品般若"的"晋译本"、"秦译本"、"宋译本",都没有提到文殊师利。所以文殊师利的法门,即使是说"空"的,但与"般若法门"可能只是间接关系,而不是同一系的!文殊师利所说、所代表的法门,在印度后期大乘经中,的确是看作"空"的代表,而受到批评与纠正。如文殊师利与央掘魔罗的对话中说:

> 文殊:"善哉央掘魔,已修殊胜业,今当修大空,诸法无所有!"

> 央掘:"文殊法王子,汝见空第一。云何为世间,善见空寂法?空空有何义?时说决所疑!"

> 文殊:"诸佛如虚空,虚空无有相。诸佛如虚空,虚空无生相。诸佛如虚空,虚空无色相。……如来无碍智,不执不可触。解脱如虚空,虚空无有相。解脱则如来,空寂无所有。汝央掘魔罗,云何能可知!"

> 央掘:"文殊亦如是,修习极空寂,常作空思惟,破坏一切法。……云何极空相,而言真解脱?文殊宜谛思,莫不分别想!……出离一切过,故说解脱空。……呜呼蚊蚋行,不知真空义!外道亦修空,尼乾宜默然!"

> 文殊:"汝央掘魔罗,……谁是蚊蚋行,出是恶音声?"

> 央掘:"呜呼今世间,二人坏正法,谓说唯极空,或复说有我。……呜呼汝文殊,不知恶(说)非恶(说)!……呜呼

汝文殊,修习蚊蚋行!"

长者女庵提遮,与文殊师利论说空义,也责文殊说:"呜呼真大德,不知真空义!"《大般涅槃经》中,文殊劝纯陀(Cunda-karmāraputra)说:"汝今当观诸行性相! 如是观行,具空三昧。欲求正法,应如是学!"反被纯陀责难一番。在初期大乘经中,文殊是师子狂吼那样,呵斥、批评诸大弟子与菩萨们,连释尊所说的,也要诘难一番。但到了大乘后期,文殊所代表的"空"义,被作为批判的对象了! 虽然,《央掘魔罗经》、《长者女庵提遮师子吼了义经》、《大般涅槃经》都解说为:文殊师利是知道的,并没有误解,但在"真常大我"的后期大乘经中,文殊所代表的法门,是被再解说,而引向"有异法是空,有异法不空"的立场。在初期大乘经中,文殊所代表的法门,确是重要的一流!

(录自《初期大乘佛教之起源与开展》,928—942

页,本版792—807页。)

※　　　　※　　　　※　　　　※

"初期大乘"经中,与文殊师利有关的不少。文殊是现出家相的,却不重视释尊的律制。经上说:文殊是从东方宝氏世界、宝英如来(佛土与佛名,异译不一)那边来的,来了就没有回去,赞助释尊弘法,也独当一面地说法。多氏《印度佛教史》说:文殊现比丘相,来到欧提毗舍月护(Candrarakṣa)的家中,说大乘法,为人间流行大乘法的开始。欧提毗舍为印度东方三大地区之一,就是现在的奥里萨,也就是善财的故乡;"文殊法门"与这一地区有关。文殊从东方(也可说南方,已属南印度)来,是"初期大乘"经的一致传说。《华严经》后出的《菩萨住处品》，说文殊住在东北的清凉山；文殊也就渐渐转化为中国五台山的菩萨了。

（录自《印度佛教思想史》，88 页，本版 78 页。）

二 南无当来下生弥勒佛

——在善导寺共修会讲

诸位法师,诸位居士! 依照农历的习惯说,今天是新年的第一个星期日,也是我们第一次为佛法而聚会,第一次宣讲佛学。首先,在三宝的威德加被中,为诸位发愿,祝大家福慧增长,身心安乐!

佛教新年的第一件大事,就是礼赞称念:"南无当来下生弥勒佛。"这是过去大陆上大小庙宇共同举行的。因此,有以为年初一是弥勒佛的诞辰。其实弥勒还是菩萨,还是"当来下生";弥勒佛尚未下生,哪里来的生日呢? 那么,为什么中国的佛教徒都在除夕晚上举行弥勒普佛;初一早上又称念弥勒的圣号呢? 要知道,这就是表示学佛人新年第一件大事——共同发愿:祝弥勒佛早日下生到此世界来。虽然经里说弥勒佛要经过若干时劫才下生到这个世间,可是佛弟子却希望弥勒佛早日下生。这是学佛人的深切愿望,是很有意义的一件事。因为弥勒菩萨下生成佛,有二种好处:一、弥勒下生成佛时候的世界,和我们现在所住的五浊恶世不同,那时候的世界是清净幸福的。依据经文所说,那时世界和平,人口众多,财富无量,没有苦痛与困难,真是快乐极了。所以佛弟子希望弥勒早早下生到这个世界来,大家好同享和平自由的幸福。二、弥勒菩萨下生成佛,佛法昌隆,所谓龙华三会,有众多众生发出离心了生死,众多众生发菩提心志愿成佛。从世间方面看,那时的世界是繁荣幸福的;从佛法方面看,是充满了真理与自由的。必须这二方面具足,才可称为快乐幸福的世界。如佛法昌隆,而世人却生活在苦痛之中,这当然是不够圆满的。如世界繁荣,而没有佛法,如天上一样,大家不向上求进步了生死,成佛,那也是不够理想的。弥勒菩萨降生的世界,这二个问题同时解决。世界既安乐幸福,人们也知道依佛法了生死,发菩提心。这是太好了! 所以佛弟子新年第一件大事,就是为弥勒菩萨早日下生而发愿,称念"南无当来下生弥勒佛"。世人每谓佛教徒只求自了,不问世界的福乐,可说是完全误会。真实的佛弟子,希望世界和平,国家富强,佛法昌隆,决不是比不上别人,这可以由佛弟子新年的祝愿中看出。

　　知道了佛弟子在年初一的希愿,然后我们要进一步说,仅是发愿是不够的,必要有一种方法,使这愿心获得成就。其方法可有两种:一、看弥勒菩萨在释迦牟尼佛法会中是怎样的。经里说:弥勒菩萨是"具凡夫身,不断诸漏",又说:"虽复出家,不修禅定,不断烦恼。"弥勒菩萨的真实功德,不是我们所知道的,但他在这世间,为引导我们所表现的风格说,弥勒菩萨还是一个凡夫。他不但不是佛,也没有断除烦恼,成为四果罗汉。他虽是出家人,然并不摄意山林,专修禅定。不修禅定,也不断烦恼,好像是一位没有修行的,其实却不是这样。弥勒菩萨之所以表现这种风格,因为在五浊恶世,菩萨的修行应该重在布施、持戒、忍辱、精进、慈悲、智慧……如不修习这些功德,福德不足,慈悲不足,专门去修定断烦恼,是一定要落入小乘的。弥勒菩萨表现了菩萨的精神,为末世众生作模范,所以并不专修禅定,断烦恼,而为了利益他人,多作布施、持戒、忍辱、慈悲、精进等功德。经里曾有人发问:像弥勒菩萨的这样不修禅定,不断烦恼,何以能成佛呢? 而释迦牟尼佛却说,唯有他才能当来成佛。因为行菩萨道的人,多重于利他,是于利他中去完成自利的。

二、不但要学习弥勒在释迦法会中所表现的,为我们作榜样的风格;我们希望弥勒菩萨早日下生,那要怎样去修行,才可以实现此一希有的愿望? 最可靠的方法,就是弥勒菩萨在哪里,我们也去哪里。等到弥勒菩萨下生的时候,我们也跟着一齐来,在龙华三会中,见佛,闻法,断烦恼,了生死,发菩提心,修菩萨行。弥勒菩萨现在上升兜率天内院,学佛的应该求生兜率;将来弥勒菩萨下生成佛,三会说法,就可以参预法会,增益功德,自行化他。要达到此一目的,就要与弥勒菩萨结法缘。弥勒菩萨的特德,可以从他的姓名中看出。梵语弥勒,译为中国语就是慈。他最初发心,是从慈心出发的。一般人每合称慈悲,其实悲是悲悯心,着重在拔救他人的苦痛。慈是与乐心,众生没有快乐与幸福,要设法给与他。菩萨,慈与悲都是具足的,不过弥勒菩萨的特德,侧重在修习慈心。经里说弥勒菩萨最初发心时,即不杀生,不食众生肉;从此以来,都以慈为姓。

像释迦牟尼佛,发愿在五浊恶世里成佛,拔济苦痛的众生,象征着释迦佛的悲心殷重。弥勒菩萨当来下生的世界是净土,发愿在净土成佛,人人得享快乐幸福,这象征着弥勒佛的慈心弘薄。我们了解这点,就要与弥勒菩萨一样的发心,随时随地,尽自己的力量去帮助人,使他人得安乐,得利益。素食、不杀生,都是增长慈心的方法,弥勒菩萨因修习慈心法门而称为慈氏。大家能这样做去,就可以与弥勒菩萨的慈心相应,不难上生兜率天了。弥勒菩萨将来下生,要在清净世界中,这可以用浅近的比喻来说。如一国的总统,要到某处去,那个地方总是先为整齐洁净一番。如这个世界不使它逐渐地转向清净,弥勒菩萨是不会下生到此世界来的。如这个人间,逐渐地转向清净,到那时轮王出世,专以道德化人,社会繁荣,世界和平,弥勒菩萨下生的时间也就到了。假使要世间逐渐地清净,应修习"和乐善生"的法门。人与人间要和谐相亲,彼此和合共处,减少斗争、摩擦,苦痛与困难也就会合理地解决。世间怎样才算是幸福?彼此和乐共处就是幸福;彼此不和不乐,就没有幸福可言。如不能和乐,就是有金钱,有高楼大厦,也是充满痛苦的。如彼此能谅解,和乐相处,就是生活在苦难中,也是充满欢喜与信心的,一定会一天天走向光明的。所以佛法净化人间的根本,重在和乐互助;要达到彼此和乐互助的目的,要修习善生的法门。甚么是善生的法门?简单地说,即修习五戒十善。大家能做到不杀生、不偷盗、不邪淫、不妄语、不贪、不嗔、不痴,世界就可以达到繁荣和平与自由。人间的苦痛解除,世间才有真正的进步。如不照此和乐善生的法门去修行,你杀我害,你抢我夺,互相淫乱,欺诈,这个世界就永远谈不到和乐善生。经里告诉我们,要亲近弥勒菩萨,要想龙华三会有我们参加的份,就要励行此善生法门。大家这样做了,世间自然清净,弥勒菩萨也自然下生了。

中国佛教徒大年初一的大家发愿,里面含有佛教徒的真正愿望。要想使此一愿望实现,增长我们的慈心,是根本的问题。一般人过年,彼此见面,都道一声恭喜,问一句你好!这也是希望别人喜乐的意思。大家能维持此新年的心境,真能做到愿意别人好,人人能这样想,这样去做,社会自然的就进步,人人有幸福可享。如大家不这样做,见他人有好处、快乐、幸福,而心生障碍、嫉妒、破坏,社会自然也就难得和乐清净了。学佛的人,处处希望他人好;虽然希望自己好,但希望他人比我更好,这才是佛教徒的存心。再加上奉持五戒,修习十善,自利利他,读大乘经,念弥勒名,发愿往生兜率净土,将来弥勒下生时,一定会共享世界清净佛法昌隆的幸福,一定会从龙华三会中,得解脱,成正觉。太虚大师一生提倡往生兜率净土的法门,凡是大师创立的道场,每日早上皆诵持《弥勒上生经》和称念弥勒菩萨名,就是这个意思。总之,我们要念弥勒菩萨的圣号,还要同弥勒菩萨一样慈念一切众生,广行一切和乐善生的法门。

平常说:一年之计在于春。今年我们来修学佛法,大家要从此新年做起,发愿立志。无论是修学何种法门,都要将此祝望弥勒早日下生和世间早得安乐为根本。由于愿望一切人得到快乐幸福,而自己励行五戒、奉持十善。

佛弟子祝愿弥勒净土的早日实现,从宋朝以后,历元、明、清。有些外道利用人类的希望,假说弥勒菩萨下生了,说王某或张某即是弥勒菩萨,像过去白莲教等,都有此话。这些外道,想借此作号召而造反,争权利,其实他们所行是完全不合佛法的。他们假借弥勒降世的名目,而来杀人放火打天下,不是增加人人的快乐幸福,而是增加社会的苦难,与弥勒菩萨的愿行是绝对相反的。弥勒菩萨哪里会在这样扰乱的世界降生呢? 真正学佛的,要从净化自己的身心做起,人人都能这样做,清净安乐的世界自然可以到达。今天希望大家在这新年开始的时候,共同发愿:愿人人得到快乐幸福,世界和平自由,佛法昌隆,人人走上学菩萨成佛的大路,以求实现与弥勒菩萨同生一处,亲逢龙华三会。

(录自《佛法是救世之光》,29—36 页,本版 20—25 页。)

三　皆大欢喜

——在马尼拉大乘信愿寺讲

各位善友！依我们中国的农历来说，今天这个星期讲演会，还是今年的第一次，在新年第一次来向诸位善友讲演，首先也得循俗例向诸位说一声："恭喜！"

在我们佛教里，每逢正月初一，总是称念"南无当来下生弥勒尊佛"。从佛法方面说，新年开始，庆祝弥勒菩萨，也充满了"恭喜"的意味。在马尼拉的寺庙里，可以见到弥勒菩萨的圣像。本来在中国的大丛林里，当我们一进山门，迎面就见到有一位大肚皮的菩萨，敞着胸怀，坐在那儿向着大家笑，笑得是那么慈祥、自在！所以每个人走进山门，首先就生起了欢喜心。今天我就以弥勒菩萨的"皆大欢喜"作为讲题。

所谓"皆大欢喜"，就是人人见了皆生欢喜心，其中也就含有"恭喜"之意。当我们一进山门，弥勒菩萨含笑相迎，似乎在祝福大家"皆大欢喜"！这中间含了一种很重要的意义，就是启示大家要修学"随喜法门"。

世间上的人，人人皆想欢喜，个个总想快乐，这本来是人之常情。不过这中间有种毛病，就是"不耐他荣"，总是希望自己欢喜，一看到他人在欢喜，自己反而难过起来。譬如看到别人有钱，而自己没有钱；别人的生意做得好，而自己经营不佳；或在学校里读书，看到别人考到第一……这种种客观的欢喜因素，反而造成自己的不愉快。因为自己不欢喜，又惹得别人不高兴。结果，自己也苦，别人也苦，这又何苦呢！

　　这种不欢喜的主因，是由于一种烦恼——嫉妒心在作祟。每个人大都是为自己的利益打算，看到别人比我好，自己总不免有些放不下。不过中国人通常还有一种好习惯，就是一到过年，大家总能暂时放下自私自利的心理，即使平常有些难过的人，新年见了面，彼此皆互相恭喜发财，祝福健康！假使能够把这种美德永远保持下去，不但新年初一恭喜，就是初二、初三，乃至十二月三十夜，一年到头彼此总存有一种恭喜的心理，那是多么的好呢！由此，我们就得注意到：在正月初一互道恭喜，大都是出于一种虚伪心，好像例行客气话。其实我们不恭喜别人便罢，要恭喜人，就得生起一种真正的观念来：必须从内心恭喜别人身体健康，生意兴隆，家庭和睦，学业进步！能真诚地彻底做到为别人欢喜，也就做到了佛法上的随喜法门，这种功德比什么都大！

　　现在再来谈谈弥勒菩萨所倡导的皆大欢喜的法门。关于弥勒菩萨的圣德，一般修学佛法的人总会了解的。怕也还有人不大知道，现在简单地来说一下。我们这个娑婆世界的教主是释迦牟尼佛，弥勒菩萨是佛的一位大弟子，当初世尊曾为他授记，将来可以做佛，号弥勒佛。当弥勒菩萨成佛时的一切殊胜境界，当然是最美满而理想的。

　　在未讲到弥勒菩萨成佛的胜境之前，先从他示现人间的一副慈祥的姿态说起:弥勒菩萨的样子,是胖胖的,肚皮大大的,这种圆满的福相,正显示了很富有的样子。有钱的人,大都长得肥肥的,俗语说:"十个胖子九个富。"但也有些有钱的人,不一定胖,这也许他的心思太多,心境狭隘吧! 所以除了物质丰富以外,精神也要力求开阔,心量宽大,含容一切,才能达到"心宽体胖"的地步。这是弥勒菩萨所表现给我们学习的一种榜样。

还有,弥勒菩萨终日对人总是笑眯眯的,这表示他是真心的欢喜。世间上有各色各样的笑,但一般人的笑,只是因自己一时的欢喜而从内心发出得意的笑,很少纯为别人欢喜而笑的,故笑起来总没有弥勒菩萨那样笑得天真自然。弥勒菩萨觉得一切人都与他有缘,他的悲心止不住他的笑容。他运用了佛法四摄中的"爱语"来接近众生;而众生也就因为他那副慈悲和蔼的态度,对他乐意亲近和归化。我们知道弥勒菩萨的胸襟和态度以后,因有钱、有势,自恃事业成功而自己感到欢喜的,这分明还不够。应该以弥勒菩萨为模范,第一要心量广大,大度包容;第二对人讲话要和颜悦色,不要以势凌人。我们的态度很要紧,同样的一句话,因为态度和措辞的失当,或者动不动就发脾气,往往把很好的事情弄糟了。所以我们应该时时学弥勒菩萨和蔼的风度,对一切人相处总笑眯眯的,自己也欢喜,别人也欢喜,在欢喜豁达的心境中,可以很容易地解决一切问题。

在佛教里,弥勒菩萨坐镇在山门口,就是暗示着修学佛法,首先要培养欢喜心,开拓心境,包含一切。希望我们从弥勒法门中讨个入处,在现生即获得利益。

弥勒菩萨现在尚位居补处,将来龙华三会成正觉时,得到究竟的欢喜，那是不用说的了。众生生逢佛世，大家也有无限的欢喜。因为弥勒菩萨来成佛时，有两件事值得我们欢喜的：第一是世界和平，第二是佛法兴隆。因此，佛与众生，皆大欢喜！

我们目前这个混乱的世界，到处充满了火药气味，终年在颠沛流离中讨生活，精神是够痛苦的。虽然也有人倡导世界和平，口号喊得震天价响，但那还是一种理想的境界，与事实相差太远。然而，弥勒菩萨一降临人间，那时的确是世界和平的。仁王出世，国土清净，政治廉明，没有战争、诉讼，也没有贪污舞弊，衣食住一切生活所需，样样都好。气候也冷暖适中，甚至连蚊蝇也绝迹了。生存在这样理想的环境中，人与人之间已没有倾轧和冲突，个个总和乐相处，大家皆信仰佛教，皈依三宝，奉行五戒、十善等种种善行。能有缘生到那个时候，是真正值得欢喜的！

我们现在大家所感到欢喜的，其实只是一种小欢喜。一般人以为生意做得顺利，有了大洋房，有了新汽车，身体又健康，于是就心满意足了。其实这些都是靠不住的！例如说：你的家道是十足富有吧，而社会上的贪污、敲诈、盗贼等种种罪行不一而足，你的财产时时被坏人觊觎，随时有侵损的可能。再说到你的身体健康吧，而你四周的环境未必合乎卫生，别人患了传染病，病菌会慢慢向你袭击，所以个人独善其身地满足于眼前的快乐是不够的。同时，我们所认为的事业发达，儿孙满堂，也往往在时间的变迁中变化了。诸位侨居海外，长一辈的人，对世态无常的变幻，总该看得很清楚的。例如说：某人数十年前，家财万贯，生意做得顶大，可算是数一数二的大侨领。曾几何时，竟倾家荡产，一败涂地。推其原因，虽然问题很多，但主要的还是因为有了钱,又有地位,吃的用的一切皆考究享受。奢侈的生活又造成浪漫的行为,终日挥霍无度。加以儿孙因家产得来容易,一向养尊处优惯了,视金钱如粪土,也就促成他造罪。这样不到一两代,有些富豪自然也就慢慢趋向没落了。故最要紧的,还是要修学佛法,提高道德观念,才能保持财富。弥勒菩萨的作略,才是真正的富足呢!

弥勒佛出世,在龙华三会说法度生,佛法非常兴隆,每个人至少也得皈依三宝,受持五戒。因为大家奉行佛法,有了钱,也就获得适当的处理,除了各人必须的生活费用外,多余的皆供养三宝,或救济别人,做公共福利事业。在这样优越的佛化胜境中,自然善行日渐增长,大家奉公守法。所以弥勒菩萨的时代,个个都是上进的,每个人只有一天天地更加好起来。能够生到弥勒的化土中,是何等的幸福!

方才所说的弥勒菩萨时代的富有状况,还只一种浅近的讲法。再进一步说,生到那个时代的人,大家皆发菩提心,修菩萨道,将来还可以了生脱死,同证佛果呢!所以生到那个时代,做个人也比现在好多了,没有罪恶,只有幸福!看看目前的一切不如意事,难怪大家总希望弥勒菩萨早日来成佛。故每年正月初一,大家皆欢聚在寺庙里,恭祝弥勒菩萨。有人误会那一天是弥勒诞,其实弥勒菩萨还没有降生人间,哪里会有诞期呢? 这实是对他的一种"预祝",祈祷他早日降临。因为他来了,会给我们带来兴隆的佛法与和平的世界,并赋予每个人一颗欢喜的心!

今天是新年第一次讲演会,我拈出"皆大欢喜"四字,对诸位解释佛法中的"恭喜"之意。希望诸位发大愿,常常称念弥勒

菩萨的圣号;并发随喜心,成就一切。祝福大家同赴龙华三会,
恭喜诸位早成佛道!

（录自《佛法是救世之光》,37—44 页,本版 26—
31 页。）

四　观世音菩萨的赞仰

今天,是观世音菩萨的圣诞,大家受了菩萨的恩德所感召,来本寺同聚一堂,共祝圣诞,实为难得。中国人信仰观世音菩萨特别多,尤其是女众。今天趁此殊胜的机缘,为大家一谈观世音菩萨的意义,以增长我们正确的认识和信仰。

观世音,是罗什的旧译,玄奘新译为观自在,这是同一梵语的不同传译。中国每略称为观音。菩萨,简单说,就是上求下化的大心众生,在修行历程中还没有达到究竟圆满的大乘行者。观世音在上求下化的菩萨中,据《悲华经》说,他是一生补处的法身大士,是继承阿弥陀佛位的菩萨,功行几乎圆满,十方诸佛的所有功德,几乎都具足了。经中有处说:观世音是过去"正法明如来",那么他是佛而现化菩萨的。他现身在无量的国土中,以菩萨身,拯救多难的苦恼众生,还表现他无穷的广大悲愿。观世音与阿弥陀佛有着特殊的关系,不但他是"西方三圣"中的一尊,而且还有说观世音就是阿弥陀佛的化身。

或有人问:观世音菩萨何处人,他的道场究在何处? 其实观音是古佛再来,不可说他有固定道场,因为他是"无刹不现身"的。他是阿弥陀的辅弼,他的道场,便是极乐世界。但在这娑婆世界,南印度海边的普陀落伽山,是观世音菩萨的古道场,这如《华严经》等都如此说。梁贞元年,日僧慧锷在中国请了一尊观音像,想带回日本供养。谁知路经舟山群岛(在浙江定海县),却被狂风恶浪阻止了归程,被迫将圣像请上了海中的一个小岛——梅岑,筑一所茅蓬来供养。观世音菩萨与此岛有缘,日子久了,朝拜敬仰观音圣像的人多起来,此岛就成为观音菩萨的道场,也就改名为"普陀山"。此外在西藏拉萨,达赖喇嘛住持的地方名"普陀宫",这因为传说达赖是观音菩萨的化身。这可见观世音菩萨的道场,并无一定,哪里有虔诚的观音信仰,哪里有观世音菩萨的大悲救世精神,哪里就是普陀,哪里就有观音。太虚大师说:"清净为心皆补怛(即普陀),慈悲济物即观音。"诸位!即如今日台湾的善导寺,难道不是观音菩萨的道场吗?

随机应化,是菩萨行的特色。今天念诵的大悲咒,是千手千眼的观世音。千手,表拯救众生的伟大能力;千眼表智慧光的无处不照,这是大悲大智的表征。为了接引众生向正觉的大道,观音菩萨的方便应化,可以说无微不至。这在《法华经·普门品》中,叙述得最为清楚。如应以佛身得度者,观世音菩萨即现佛身而为说法,乃至应以夜叉阿修罗、人非人等身得度者,即皆现之而为说法。现实的世间中,如应以居士、农夫、工商、军政人等身得度者,亦现其类而为说法。随类应化的方便,是菩萨行中的同事摄。此不独观世音有之,如弥勒菩萨偈颂说:"弥勒真弥勒,分身千百亿,时时示时人,时人自不识",也就是此意。千手千眼而外,有十八臂观音、四臂观音,最一般的,即示现天人庄严相的圣观音。一向有三十三观音的类别,总不外随机示现而已!

　　观音菩萨的身像，究竟是男是女，一般人总不免这样的疑问着。其实随类现身，当然可以有男相，有女相。不过约大菩萨相说，都是大丈夫相。唐代以前的观音，也总是大丈夫相的。《华严经》也说："勇猛丈夫观自在。"然而观音菩萨的特殊表德，是大慈大悲。约这个意义说，他的应化，一方面是内在的悲心激发；一方面是哪一类的有情苦痛多，菩萨的现身应化就多。观世音在人类中的应化，现女身的较多，这是有两个意义的。一、女众的苦难，从古代以来，一直多过了男人。二、女众内心的特性，是慈忍柔和。表现在她们的日常行为中，即是爱。女众的心理，慈爱确实超过了男人。如母亲对于自己的儿女爱，深重殷切，无微不至；父亲对儿女就没有那样深重殷切的了。爱，即在私我的黑影中所表现的慈悲，是慈悲的局限化，不免带点歪曲。慈悲，即爱的无我的扩大。由于女众内在具有了母亲的特性，故以慈悲为特德的观世音菩萨，即多应现女身。扩大为无私的大爱，泛爱广大的人类，一切众生，都如慈母爱自己的儿女一样。所以观世音的应现女身，不但为了女众受的苦痛多，而就是发扬人间的母爱，使广大而无私的，成为菩萨的平等慈悲。所以我们信仰观世音，应如孩子的敬仰母亲一样。能如此的诚切敬仰，如母子的心意感通，自能得观世音菩萨的救护。

　　观世音——阿缚卢枳帝湿伐啰，在今日印度教中也是有人知道的，而且还是女性。所以唐宋以来，观音像塑为女相是有意义与根据的。在海浪滔天生存俄顷的航海生活中，最危险，安全最无把握，即最需要慈悲的救护。所以，观音在海滨一带信仰最深。如印度的观音道场，在南海；中国方面，江、浙、闽、广、台湾，以及南洋的华侨间,观世音菩萨是唯一的安慰者。中国的普陀山,也在东海中。值得注意的,如台湾(闽广等沿海诸省都有)的天后宫、妈祖庙,都与沿海的民众信仰有关,而且都是现女相的。从人类的宗教学说,慈悲救护的要求,会无意识地现起女相来。西方的一神教,本是反对设像的;而天主教有玛利亚——耶稣的母亲像。玛利亚称为圣母,传说中也有种种慈悲救护的神迹,与观音菩萨一样。所以在宗教中,这不外乎无限慈悲的崇仰、无限慈悲的表现而已。如从菩萨的示现说,玛利亚还没有出世以前,观音的圣德已是大乘佛教共知的事迹了。这些都可看作观音的一种应化,特别是今日台湾所有的天后(妈祖),我们应以观音的精神去充实他,净化他。应以天后——妈祖身而得度者,即现天后妈祖身而为说法。

不过,这里特别要说到的是:一、一般人崇敬观世音菩萨,往往多为功利的交易,如向菩萨许愿,如菩萨佑助我,那么我来还愿,"重修庙宇,再塑金身"等等。这种贿赂式的祈求,即是毫无真实信仰,是非佛法的!信仰观世音菩萨,向菩萨祈求,应如孩子信仰自己的母亲,向母亲祈求一样,绝对信任,真诚亲切。只要与儿女有利益,母亲是会给予的。我们所祈求的,或是不合理的,或是与我们无益的,菩萨难道也会救助你? 二、母亲护助儿女,但儿女的光明前程,不是母亲的赐予,不是一切依赖母亲,而是自己立志向上,努力创造的成果。所以信仰观世音菩萨,切不可推卸了自己在现实人生中应负的责任,过着事事依赖菩萨的生活,自己不长进,不离恶,不行善,不知皈依三宝,奉行佛法,颠颠倒倒。菩萨是大慈大悲的,但你自己罪业所障,菩萨也救不了你。所以应仰慕观音菩萨慈悲救世的精神,奉行佛法,诚切地实行,当然会得到菩萨的救护。在人生的旅程上,若遇到了无法解决的困难,如不是定业,不是罪有应得,凭着信仰的真诚,自能获得观世音不可思议的感应!

　　每一大菩萨,表征了一种不同的德性,慈悲即观音菩萨的德性。我们如果不杀生,而且对一切众生能予以普遍的爱护,那么我们的心行就与观音的慈悲相应。相应则相感,这即是"同类相感"的道理。所以,我们内心的信仰,要能表现在外表的行动上,现实的行为,要能与观音菩萨的慈悲行相应。这才是我们今天对观音菩萨应有的真正纪念!

　　　　(录自《佛法是救世之光》,45—51 页,本版 32—36 页。)

五　修学观世音菩萨的大悲法门

在今天纪念观音菩萨的法会中,我想把菩萨的救世悲行作一简单的介绍,使我们对菩萨更有深一层的信解。诸位都知道观音菩萨的手中执有净瓶与杨枝。净瓶与杨枝,这是表示了菩萨普救世间的伟大悲行。世间如火宅,众生心中充满了热恼。观音菩萨时以瓶中的甘露水遍洒人间,使在热恼中的一切有情皆获清凉。有热恼煎逼的苦恼众生,谁不想得到清凉?如愚痴众生,渴求智慧;体弱多病,希求健康;贫贱众生,追求富贵……现实人生的种种缺憾与内心的种种烦恼,是热恼的根源。热恼,如天旱时稻禾需要雨水的灌溉一样。大家信仰观音菩萨,即渴求菩萨的甘露水,息灭内心的热恼。观音菩萨确有令众生热恼变清凉的甘露水,如愚痴众生、多病众生能时时虔诚地礼念观音,能得菩萨的悲心救护,便能渐增智慧,或体力康健。

可是,人们有一怪现象,即不到苦难当头,想不起观音菩萨;就是信仰,也不恳切,也不能真心诚意地接受指导。这种临时抱佛脚的行为,有智者决不出此。真正信仰观音菩萨,不仅是临时救急,更应重于平时的实践,在忠实的实践中得菩萨的感应,自能解脱现生的苦痛与内心的热恼。也唯有在平时奉行菩萨的言教,才能增长清净的功德法财。如信任医师,就得处处听医师的嘱咐。若你在病时,信任医师的诊治,一旦病好,就把医生嘱咐的卫生之道——多运动、慎饮食、注意清洁等完全忘却,这怎能求得身体的长久健康? 不但有了病需要恢复健康,无病时更需要维持健康、促进健康。所以我们在平时,必须遵守医师的嘱咐,注意运动、饮食、清洁等。信仰观音菩萨,也应重视平时的忠实奉行。若平时的行动与菩萨的教诲相违,等到身临苦难,即使得菩萨的救济,也已是下策了。所以要想彻底解决苦痛,常得杨枝甘露的灌洒,常得没有热恼的清凉,要在平时忠实奉行菩萨的教导。

　　观音菩萨教化众生是以身作则的。他自身精进地修大悲行,也教众生修大悲行;他从大悲行中自利利他,积集了无量功德,远离了生死苦恼而得究竟的解脱。我们若依菩萨的言说奉行,最低限度也能解脱现生的苦恼,获得人生的应有福乐。若能生生世世修大悲行,即可成就观音菩萨的无边功德,而得无上的解脱。所以,观音菩萨的大悲法门,是不可思议的。《华严经》中的善财童子参访观音,当时他求观音菩萨的开示:应如何学菩萨行? 观音菩萨直接地对他说:菩萨应学的法门无量无边,但在这无边的法门中,我是修学了大悲行解脱门。起初我渐渐地学行大悲,经过长久时间的学习,终于深入了大悲法门广度众生,成就无边的清净功德,而得无上的解脱。善财! 我以大悲法门修菩萨行,一贯的目的,在解除一切众生的苦痛,救护他,使他们免除怖畏。

　　众生欲得菩萨的护念,无有恐怖,应修学观音菩萨的大悲法

门。但大悲应如何修学呢？学习大悲的方法极为简单。凡见人
类的苦痛，不管他与我有什么关系，都能平等地予以同情，愿意
他减轻现有的苦恼；如更能平等地同情一切众生，时时想减轻他
们的痛苦，这即是菩萨的悲心。悲心，本来每一个有情都是有
的，但是众生的心境狭隘，不能扩大同情成为菩萨的悲心。从前
我还未出家时，记得家姊在某一晚上得病，我听到姊姊病苦的呻
吟声，心里也感到非常的苦痛。因不放心姊姊的病，心急不安，
不能入眠；可是越是心急，越觉夜长，干急地等天亮了，好去请医
生。由我对姊姊痛苦的同情，推知他人的同情，如父母见自己的
儿女得病，或儿女见父母得病，心里总有深重的同情，而且着急
得很。人人对自己的亲人怀有深切同情心，但每不问别人的苦
难，甚至亲见亲闻悲惨凄切的境界，还是若无其事，如此就离去
菩萨的大悲义太远了。世人何以不能扩大同情，成为菩萨的悲
心呢？这因我们无始来就被烦恼所迷惑，为自私的情见所包围，
所以不能现起平等的悲心来。根据佛法的缘起义说：人与人间
的关系很深；常人以为自己的亲属朋友才有关系，其实，农夫、军
警、商人等……哪一界人不与你有深切的关系？你想：若没有农
夫，你哪来资养生命的食物？没有军警，谁来保障你的生存？没
有商人，谁给你转运别处急需的一切物品？你这样一想：整个人
类都与你有密切关系，当然全人类是你的同情对象。若再深一
层观察：一切有情都是与你同样的具有心识的动物，我与他都是
障深业重的苦恼众生，无始以来都曾有过亲密的关系。能作如
是观，自能扩大同情成为平等自救救他的悲心。

　　有人说：我没有权势，或没有财力，如何救人？其实这都不

是不能悲恻援助的理由。真正悲心激发，即自己的力量多大，就献出多大的力量。力量可以有大小，却不会完全没有。如见小孩跌落水坑，难道没有扶起他的力量？再不然，难道没有呼救的力量？我们如存悲恻拔苦的心肠，决不问有多大力量，只是脚踏实地地随分随力地做去。观音菩萨起初也与我们一样，但他修学大悲法门，愈修愈深，悲心愈深，功德力愈大，如今观世音已是将入佛境的大菩萨了，他也还是由凡夫渐渐修成的。若我们能发愿生生世世地修大悲法门，当来不也可以成观音菩萨吗？大悲是趣向佛境的极要法门，有大悲行，才能积集自利利他的无边功德，趣证佛果，否则即没有成佛的可能。大乘佛法的实践者，即在乎具有深重的悲心。悲心虽然人皆有之，但没有菩萨的广大，若能不断地修学，悲心即能渐渐地发挥出来，成为无穷的深广。观音菩萨开示善财修大悲行，他自己也如实地广行大悲，他真是一位以身作则的大师。我们以观音菩萨为模范，渐渐地修学，大悲行总有圆满成就的一天。但在修学的过程中，不要以为菩萨的悲智如此深广，不能一天学成，生起畏难的念头；如怕难，即要失望而停顿了。要知道菩萨的深广悲智，是他在无量劫中修成的。学菩萨不要心急，但确定目标，不断地学去，必能渐入圣境。心急确为常人的第一病，但世间哪有一蹴即成的易事？心急对于学习是无益的，反而有碍学习的进步。如能不畏艰苦，耐心地学习，自会越学越快。这如初读书的童子，开始念一两句都背不出来。但书读多了，增长了理解力，就是数千字的长文，也容易熟背了。修学佛法，起初总觉不易，但能耐心修学，大悲力自一天天增长，等到悲力强大，救度众生的艰巨工作就容易负担了。

　　真正大乘佛法的实践者,对大悲的修学极为重视。因为大乘的发菩提心,广度众生,就是"菩提所缘,缘苦众生"的悲心发动。若离去了悲心,即不成菩提心,想成佛是不可能的。没有悲心的菩萨行——布施、持戒等,乃至广修礼佛、诵经、供养,这都是人天的果报,或者是小乘功德。若具有悲心,他的一切修行,都是将来成佛的因缘。所以经中说到修学,总是说"大悲为上首"。一切成佛的清净功德,都要以大悲为领导;无大悲领导所修的一切功德,至多也不过是人天或二乘小果罢了。

　　扩大同情而成为菩萨的平等悲心,在凡夫位上似乎不易做到,但我们若常观察人与人间的关系,则不难发现到我与人类的关切。当彻底透视了人我间的相关性,则不管什么人的苦难,都容易引起同情心。其次,我们要看他人的好处,别看他人的坏处。人总有多少好处,也不能完全没有错误的。若过去某人骂过我,现在他遭遇了不幸,我就欢喜,这是幸灾乐祸心,与悲心相障碍。若我们忘记他的错失,见到他人的功德,从好处想,别人有难,我们自能生起深重的同情心。能透视人我间的相关性,能注重他人的好处,自会逐渐引发同情,这即是向观音菩萨的悲心去学习。我们纪念菩萨,要发扬菩萨的大悲精神。我们要向菩萨看齐,相互策励劝进,这无论对己对人,都有无量利益。最后,我希望诸位都从学修大悲行中,做成大悲救苦的观音菩萨。

　　　(录自《佛法是救世之光》,53—59 页,本版 37—
　41 页。)

六 地藏菩萨之圣德及其法门

——一九六三年中元节讲于慧日讲堂

每年农历七月间,中国佛教界盛行超度救济的法会。一是盂兰盆法会:释迦佛住世的时候,目犍连尊者为救度母亲脱离饿鬼之苦,于七月十五日供佛供僧的一种法门。另一种即地藏法会:农历七月三十日,是地藏菩萨应化中国的涅槃日。因地藏菩萨救济地狱众生,故七月有地藏法会。还有,就是佛为阿难开示的救济地狱饿鬼的瑜伽焰口法门。此三种法会,在中国的七月中,有着糅合为一的趋势。在这次法会中,我想略说地藏菩萨法门。

一 中国僧俗的崇敬

一、民间信仰:地藏菩萨在中国,受到出家及在家众普遍的尊重敬仰。地藏菩萨是提倡孝道的,重视超度救济父母。中国人特重孝道,其慎终追远的精神与地藏法门相合,故地藏菩萨在中国受到特殊的尊敬。

经中提到的大菩萨虽很多,而为中国民间所熟悉的,是观世音菩萨与地藏菩萨。在我的故乡,七月三十日,家家都烧地藏香,纪念地藏菩萨。一般学佛的人,每念诵《地藏菩萨本愿经》或发心书写流通,可谓家喻户晓,实由孝父母超荐父母而来。所以在七月中,除了盂兰盆法会外,还有地藏法会,一般寺院也就特别忙碌了。这可见地藏菩萨已成为广大的民间信仰。我们信佛的,应怎样了解地藏菩萨的功德!

二、大德推重:地藏菩萨不但在民间为民众所崇仰,在出家的大德中,也有特别推重地藏菩萨的,现在举两位大德来说。明末清初,佛教史上有名的四大师,即紫柏、莲池、憨山、蕅益。蕅益大师是一位大通家,禅、律、天台、净土,无一不弘扬。他特别推重地藏菩萨,曾于地藏菩萨前发愿。他年轻时已受比丘戒,却又在地藏菩萨前舍比丘戒而成为菩萨沙弥。近代的弘一大师是人人所熟知的,他本是一位艺术家,后来出家,专研戒律,为近代唯一精研律藏的大师。他也特别推重地藏菩萨。某年至厦门,遇卢世侯居士刺血绘地藏菩萨圣像,因劝他画地藏菩萨应化事迹图。弘一大师每幅为之题赞,后印赠此图,以为大师六十寿。由此可见,两位大师是如何地推重地藏菩萨。一般人信仰地藏菩萨,只知地藏发过"地狱未空,誓不成佛"的大愿,要到地狱去救度众生,而对地藏菩萨的利生法门却还不大清楚。然由古今大德的赞叹推重中,可想见地藏菩萨之不可思议功德。希望由此而进一步了解菩萨的伟大,是这次讲说的意趣所在。

二　九华山之地藏菩萨

中国有四大名山,即四位大菩萨的应化道场。五台山文殊菩萨,峨眉山普贤菩萨,南海普陀山观世音菩萨,九华山地藏菩萨。此四大名山,有许多寺院,几乎全以本山的菩萨为中心,如五台山寺院皆供文殊菩萨,普陀山寺院皆供观音菩萨为本尊等。这样,四大名山即为四大菩萨的应化道场,也就成为全国佛教徒朝拜的圣地。

九华山在安徽的青阳县,本名九子山,唐李白至九子山时,见九峰如华,后来因之又名九华山。唐代的中国佛教,正如日丽中天,东传至日本、韩国,日、韩等国有不少僧人来中国求法,或学儒学、政治等。那时韩国分为三个国家,即新罗、高句丽、百济。有新罗王子发心出家,名地藏比丘,于唐太宗贞观四年来中国参学。最初随处参访,游化数年,后至南中国的安徽省九华山,见深山中有盆地,即于此山结庐苦修。不知过了若干年,为地方士绅诸葛节游山时所发现。见此一和尚,住的是石洞茅蓬,破锅残粒中渗有一些白土,生活异常清苦。询知是新罗王子,远来中国求法,诸葛长者深感未尽地主之谊,于是发心提倡,为地藏比丘修建寺院。九华山主姓闵,家财甚富。建寺必得请闵公布施山地,闵公对地藏比丘也非常敬仰,问他要多少地,地藏答道:"一袈裟所覆盖地足矣。"时地藏以神通力,袈裟一披,盖尽九华,于是闵公将整个九华山地全部布施供养。闵公为地藏护法,其子也随地藏比丘出家,法名道明,为地藏的侍者。现在所见的地藏菩萨像,两旁有一老者及少年比丘,即闵公父子。寺院建成后,各方来参学者甚众,新罗国也有不少人来亲近供养。九华山高且深,寺众增多,生活即发生问题,煮饭还要渗拌白土(此土色白而细腻,俗称观音土),其清苦可想而知,故当时称之为"枯槁众"。寺中大众只是一心为求佛法,而完全放弃了物质享受的要求。地藏比丘及大众在九华山的影响甚大,后来新罗国王得悉,即派人送粮食供养。地藏比丘一直领导此精进苦行的道场,至唐开元廿六年七月三十日涅槃,世寿九十九岁。大家都直觉到,地藏比丘实为地藏菩萨的化身,是地藏菩萨来中国的应化,所以大家称之为地藏菩萨,而九华山即成为地藏菩萨应化的道场,成为中国四大名山之一了。特别是每年七月三十日,九华山香火尤其鼎盛。地藏菩萨自有他特殊的因缘感应,才能得到民间一致的信仰。

三　地藏菩萨之名德

一、释名义:在佛法中,菩萨是依德立名,不像一般人的名字,与自身的心行无关。中国熟知的四大菩萨,于名号上皆加一赞词,如大智文殊、大行普贤、大悲观音、大愿地藏,可见地藏菩萨的愿力是特别深广的。大乘经中有《大集经》,以佛说法时,十方大众云集的大法会而得名。在大集法会中,菩萨多有以藏为名的,如日藏、月藏、虚空藏、金刚藏、须弥藏、地藏。何谓地藏? 地是大地,也是"地大";藏是含藏、伏藏义,如金矿、银矿、煤矿、铁矿等。于佛法中名为藏,是库藏之意。地藏之含义,一方面是从地而说;地是四大之一,能担当一切,一切崇山峻岭,万事万物都在地上。此喻菩萨的功德,能为众生而荷担一切难行苦行。地也有依止义,一切草木皆依地而成,依地而生。喻世间一切自利利他功德,依此菩萨而存在而引起。地藏菩萨能含藏种种功德,能引生一切功德,难行苦行,救度众生,故名地藏。世俗称为地藏王,依经但名地藏,也许因地藏比丘为新罗国王子,而加"王"字以尊称之。

二、赞功德:九华山的地藏,是菩萨的应化,现在要来说地藏菩萨的真实功德。如《占察经》说:"发心以来,过无量无边不可思议阿僧祇劫,久已能度萨婆若海,功德满足,但依本愿自在力故,权巧现化,影应十方。"据经文的记载,地藏菩萨发心修行以来,已经很久——无量无边不可思议阿僧祇劫了。功德智慧,与佛一样。萨婆若即一切智——佛智。萨婆若海,形容佛之大觉悟大智慧,如海一样的深广。地藏菩萨于无量无边劫修行,早已达到了佛的智慧海,功德圆满具足,早应成佛了。但菩萨发愿度尽一切众生,故隐其真实功德,以本愿力,自在神通,到处现身说法,救度人天。故《楞伽经》中说到,有大悲菩萨,永不成佛。这不是因为程度差,或者懈怠修行,而由于大悲愿力,发愿度尽一切众生,所以功德与佛齐等,而不现佛身,始终以菩萨身于十方世界度脱众生。

地藏菩萨的功德,与佛平等,所以敬信菩萨的功德,也不可思议了。如《十轮经》(卷一)说:"诸大菩萨所,于百劫中至心皈依,称名念诵,礼拜供养,求诸所愿,不如有人于一食顷,至心皈依称名念诵礼拜供养地藏菩萨,求诸所愿,悉得满足。……如如意宝,亦如伏藏。"经上说:若至诚皈依文殊、弥勒等诸大菩萨,称其名号,礼拜供养,求自己所愿,如求健康,求长寿,求财富,或求断烦恼等。于一百劫中求诸大菩萨,还不如有人于一顿饭间——短期间至心皈依地藏菩萨,称名念诵菩萨名号,虔诚敬礼地藏菩萨的功德大,若有所求,皆能圆满达成愿望。这是弘扬地藏菩萨法门,所以特地赞叹地藏菩萨功德的超胜。如意宝,即摩尼珠,此宝能出生一切,所求皆遂。地藏菩萨的悲愿救度,令众生所求皆应。又如穷人忽得伏藏,立刻大富,一切都有了。若众生有种种艰苦,不得自在,修行地藏法门,这样的一切皆可满足。此外,依《地藏十轮经》说,地藏菩萨如观世音菩萨一样,于十方世界现种种身,说种种法,令众生离种种困苦,皆得满足。

地藏菩萨还有一特殊功德,也是从地藏的名义而来,如《十轮经》(卷一)说:"能令大地一切草木……花果,皆悉生长。"住在农村的,希望的是农作物丰收。地藏菩萨能满众生所求,增长一切花草树木,一切于地上生长的,皆得丰硕的收成。此经译出后,少人弘扬,故对地藏菩萨这方面的特殊功德,少人注意。对于这,农人们应是特别感恩祈求的。

还有,地藏菩萨的治愈疾病,如《须弥藏经》说:"汝今能于一切众生,能为大药,如大妙药。何以故?汝身即是微妙大药。"古代的药,主要是生于地上的草木及矿物,故地藏菩萨功德如药师佛一样。但不是大医王,而是大妙药,能令众生增长精气,增进健康,祛除疾病。若能见菩萨,亲近菩萨,一切病——身病、心病、生死烦恼病皆除,一切功德皆具足。

末了,就是一般熟知的,依《地藏菩萨本愿经》而说的"地狱未空,誓不成佛"了。依《地藏菩萨本愿经》,地藏本愿誓欲度尽地狱众生,众生中最苦恼者,应是地狱众生了,菩萨特发大愿,对极苦众生而加以救济解脱。

四　地藏菩萨之特德

一、**来居秽土**：一切大菩萨，如观世音菩萨，在此世界示现度生，所现皆在家相，如现白衣大士或现天人等相，文殊师利现童子相，普贤菩萨也是在家相。唯地藏菩萨现出家相。此一意义，很少人注意。地藏菩萨究竟为什么现出家相？为了说明此义，以"来居秽土"及"现声闻相"二义来说。地藏菩萨虽然遍到一切世界度生，但特别要在这秽恶世界度罪苦众生。此如《十轮经》（卷一）说："地藏已于无量无数大劫，五浊恶世无佛世界，成熟有情。"地藏菩萨发心于无量无边劫，皆于秽恶世界度众生，越是秽恶的世界越要去，越是苦恼的众生越要度。他还要到没有佛法的世界，众生苦难最多处去利益众生。菩萨的愿力各有不同，地藏菩萨的慈悲大愿，是着重于秽恶世间的成熟有情。因此，如《十轮经》（卷一）说："我今学世尊发如是愿，当于此秽土得无上菩提。"释迦牟尼佛是出现于秽恶世界，并于此秽土成佛的。地藏菩萨要学习释迦佛，发愿于此秽土成佛，于此秽土度生，可说是释迦佛精神的真正继承者。

二、**示现声闻**：地藏菩萨是大菩萨，功德与佛相齐，究竟圆满，于此娑婆世界释迦佛法会中，现出家相，如《十轮经》（卷一）说："以神通力，现声闻像。"声闻是出家弟子的名称，这是地藏菩萨的特色。依大乘经说，有些清净世界没有小乘法，也没有出家众。但释迦佛来此秽土成佛，即现出家相；秽土佛法与出家众是有密切关系的。地藏菩萨向释迦佛看齐，现出家相，也愿于秽土成佛。秽恶世界的佛法,有出家众,可以解说为适应时代,而有为己的独善的倾向。但从另一方面说,含有积极的特殊意义:在这秽恶世界,众生一天到晚非争名,即夺利,为生活忙,为私利忙,整个社会充满了罪恶黑暗。在此黑暗污秽的世界中,应给予一种光明和希望,所以释迦佛出现于秽土中,出家成佛。《十轮经》说,出家的僧相,是秽恶世界的清净幢相。在此不理想的社会中,建立清净的僧团,使大家见闻熏染,而达到身心清净。佛法是适应社会的,在秽土中弘法要有出家人现出清净庄严的解脱相。释迦佛及地藏菩萨,来秽土而现出家相,意义即在于此。出家无经济的私有,以乞化为生,不为享受,也就减少了因经济而来的问题。其次,现出家相,男不婚,女不嫁,不像一般人,因夫妇关系而发生纠纷苦痛。五浊恶世的无边罪恶,主要起因于男女及经济的占有。出家相,即提供了解决秽土困难以及解脱秽染身心的方案。即使做不到,也知道解脱苦难的真正方向。所以秽土的佛法,重心为出家众,而净土中就可以没有出家的了。地藏菩萨现出家相于此土度生,有着特殊意义,所以秽土众生对地藏菩萨感到特别亲切。地藏菩萨不只是提倡孝道,超度父母,而且现声闻身,度秽土众,实为古代大德特别推重的原因。

五　救度众生不堕地狱

地藏菩萨来五浊恶世救众生,而众生中最苦恼者是地狱众生,所以地藏菩萨的悲愿力,众所熟知,是为了救脱地狱的众生。一般人所知道的,是地藏菩萨把地狱里的苦恼众生救拔出来。

但这不是唯一的办法，也不是最理想的。最要紧、最彻底的，还是如何令众生不堕地狱，才是救度地狱众生的好办法。比如好的医生，非但能为病者治疗或动手术，还能教人如何调摄健康，预防疾病。如只知地藏菩萨救度地狱众生，而不知菩萨还苦心教导众生，何者应止，何者应作，才能不堕地狱，若等到堕入地狱受苦，已是迟了。

一、定生无间地狱之大罪：作什么罪会堕地狱？会堕最苦的地狱——无间狱（印度语名阿鼻地狱）？《地藏菩萨本愿经》中有种种地狱名称。八热地狱，充满大火，铜床铁柱；最下层即是阿鼻地狱。作极重恶业的，死后不耽搁时间，立刻堕进地狱中；地狱受苦时间也没有间断，所以名为无间地狱。依佛法说，作善有善果，作恶有恶果，作重的恶业则堕地狱。但作了地狱恶业，是否一定要堕地狱？有了堕地狱的恶业，来生不一定堕地狱。每人可能有很多的地狱业，是过去生所作的；在此生中，又从小至老，说不定也作有地狱业，但不一定非堕地狱不可。若有善的功德因缘或者胜过恶业，还是上升人天（但不是地狱的恶业没有了）。可是，若造了极重的恶业，除非不犯，一犯即堕，作其他功德或忏悔，都不可能不堕落。正如人患了绝症，非死不可。有些病看来虽然严重，但如逢名医良药，还有治愈希望，若是绝症就不可能了。五浊恶世的众生，作恶业的机会特别多，危险性也特别大。所以必须清楚了别善恶，特别先要认清极重而非堕落不可的恶业，这才能注意不作，免堕地狱。

堕落无间地狱的极重恶业，经中说到二类：（一）十一种恶业。如《十轮经》（卷三）说："造五无间及近五无间四根本罪，并谤正法、疑三宝等二种人。……于此十一罪中,随造一种,身坏命殁,无余间隔,定生无间大地狱中。"此十一种重罪,分五无间、四根本戒、及谤正法与疑三宝——三类。五无间罪,是说作此五种的一种,必堕大无间地狱中。五无间罪是:1. 杀父,2. 杀母。父母生养我,教育我,从幼至长,恩重如山。依世间法说,杀害父母,简直是畜生行为;刑法中的逆害父母罪,也是极其重的。3. 杀阿罗汉:已修行至阿罗汉者,是四果圣人,若杀之,罪极重。4. 出佛身血:佛在世时,提婆达多欲害佛,从山上推下大石,欲把佛压死。但为护法神打碎,碎石碰伤佛的脚趾流血,于是成为出佛身血重罪。5. 破和合僧:于出家清净僧团中,恶意破坏,令和谐的僧团分裂为二,即构成无间重罪。后三种,是佛法中特说的重罪。一般来说,在这恶世而犯此五无间者并不多。如杀父母的很少;出佛身血,除提婆达多,就没有第二人;能破坏出家人团体的也不多;杀阿罗汉的,到了末法中,阿罗汉绝无仅有,杀阿罗汉的自然更少有了。近无间四根本罪,是杀、盗、淫、妄中最重的,才造成无间地狱罪。如出家众犯此四根本戒即逐出僧团,如断树根,不复发芽;如大海死尸,不复为法海所纳。若犯的不是近无间的根本罪,或犯后立即于僧团中至诚求忏悔,接受处分,虽于现生中不能了生死,证圣果,但还可厕身于僧团,称为与学沙弥。如不知忏悔的,当然除外。在家或出家,如犯了近无间的根本重罪,一犯即堕落,不通忏悔。其中杀生(佛决不会被杀),以杀独觉为杀罪的最重。盗,以盗三宝物为最重,如属于佛、法、僧的东西,为大众发心供养的,若盗取是最重罪。淫,以淫阿罗汉比丘尼为最重;对已证阿罗汉之比丘尼,强迫奸淫她,必堕无间地狱。妄,以不实语,即挑拨僧团的是非,使僧团分裂为最重。世间一切功德,清净解脱,了生死,修菩萨行,成佛,皆从三宝来。此四重罪,皆破坏三宝,令三宝不清净,损害最大。此外,第三类的两种,看来似不要紧,却极其重要。1. 谤正法:若外道而谤正法,因他不懂佛法,胡说八道,如蛇吞青蛙,猫吃耗子,虽有罪但不犯重。若修学佛法的出家弟子,在佛法中自毁正法,如狮子身中虫,自食狮子肉,罪过就大了。我们信佛学佛,不应毁谤佛法。一般法师居士,都不会存心毁谤,但也可能谤了而不自知。如佛法有声闻乘、缘觉乘、菩萨乘(大乘),若修学声闻乘,赞叹声闻乘,而说大乘非佛说,即是谤法。若学大乘而呵斥小乘,认为不应该学,也同属谤法罪。若人只重持戒而废定慧,或重定而废戒慧,或重慧而废戒定,有所偏废,劝人不要学,都是谤法。换言之,只学一种修行法门,而轻慢其他的,认为不应该学,学了没有用,都是谤法。若只一法门就够了,何以佛陀要说八万四千法门? 重一法而轻其他法门,令众生生颠倒解,走入歧途,瞎众生眼目,故成无间狱重罪。2. 疑三宝:三宝——佛法僧,是佛弟子的皈依处。皈依三宝,受了净戒,不论出家在家,若于三宝外还信其他外道鬼神,疑与佛同等或胜于佛;见外道典籍,赞为胜于三藏十二部;皈依外道邪众,对佛教出家僧众无信心。这与佛法不相应者,都是以疑三宝而表现出不信的行为。例如一些神佛不分的,皈依三宝而又主张什么三教同源、五教合一的谬论,以为一切宗教都是教人行善,皆可信仰,即是叛教。如此是非不明,神佛不分,是疑三宝的无间重罪。杀人、偷盗,不一定堕地狱,若犯以上十一种的任何一种,必堕无间狱中。

（二）十恶轮：如《十轮经》（卷四）说："于十恶轮，或随其一，或具成就，先所修集一切善根，摧坏毁灭……命终定生无间地狱。"轮，是摧坏义。能破坏一切功德善根，所以叫恶轮。十恶轮即十种恶事，犯一种，或俱犯，向来所修之功德全被破坏无余，故名为十恶轮。十恶轮是：谤阿兰若，谤于别乘（分三种），嗔害比丘（分两种），侵夺清净僧物回与破戒者，毁害法师，侵夺僧物，毁寺逐僧。1. 谤阿兰若：阿兰若是印度语，意思是无事处，寂静无器闹处。出家人于此寂静处修清净行，名阿兰若比丘，近于中国所说的闭关住茅蓬。佛说比丘有三种：一修定的，指勤修止观，真实用功，以达断妄成圣的目的。二读诵研究的，如研究阅读大藏经等。三为僧团做事者，如建寺安僧，做监院、知客等福事。于此三事中，当然以修定最好。修定比丘多住阿兰若，专修定慧，求了生死，得解脱。为寺院僧众服务，虽是修福业，但还不是出家人的本分事。研究佛学，也是为了要于修行上用功；若只在文字上打转，实非出家的理想。故住阿兰若比丘，精进于禅思，佛制应受上等的供养。佛世时，在僧团中，都要随众的，若真正修习定慧，到了紧要关头，是允许他暂时自由，不用随众的。若有人毁谤阿兰若比丘，是十恶轮之一。因为对真正修行求了生死的，不但不应障碍，而且应予成就。如加以诽谤，障碍修行，等于破坏佛教行人的最大目的。2. 谤于别乘：佛法有三乘，声闻乘、独觉乘、菩萨乘，修声闻乘者谤独觉、菩萨乘；修独觉乘者谤声闻、菩萨乘；修菩萨乘者谤独觉、声闻乘，这三种都是毁谤正法，为十恶轮的三种。3. 嗔害比丘，也有两种：一是嗔害有学有德有修行的比丘，如辱骂他、殴打他，或想方法使他失去自由，加以种种迫害。有些坏比丘拉拢地方上的恶势力,稳坐住持当家宝座,想尽方法,利用恶势力去破坏有德比丘,以达占有的目的。另一种是对于破戒比丘,看不起他、恨他、逼害他,认为根本不像出家人,不值得尊重。以为迫害有德比丘固然是造罪,嗔害破戒比丘又有什么关系呢? 不知此比丘虽然破戒,只要他还在僧团中,没有被取消出家资格,嗔害了还是恶业。试举例说:泰国是佛教国家,出家人不能人人是贤圣。假如有比丘在外面犯了法,警察不会即刻逮捕,因为他还披着袈裟,还是比丘身份,警察随着此犯戒比丘回寺,向寺僧报告,待寺僧决议,取消他的僧格,脱下他的袈裟,才下手逮捕。这是尊敬比丘,对破戒比丘也不敢嗔害的例子。所以,若以非法手段对付破戒比丘,也是恶轮。4. 侵夺清净僧物回与破戒比丘:有些坏比丘能拉拢恶势力帮忙,在一般也称之为护法。帮助坏比丘争夺寺庙财物等,看来是为了护持出家人,但如护助破戒比丘,实在是造罪了。5. 毁害法师:对于讲经弘法的法师加以毁害,现在已不会有此事发生了。从前地方风气还未开通,有出家人来弘法,很可能遭受毁害。如从前谛闲法师有一弟子天曦法师,到贵阳弘法,在黔灵山下一小庙中讲经。法师讲得好,听众多,引起恶人嫉妒,于是勾结官府,诬法师为游民,驱逐出境,此即毁害法师一例。6. 侵夺僧物:夺取出家人的财物,也是无间重罪。自清末以来,中国寺庙的财产均被误解为公物,强夺诈取,兼而有之,每借口办学校等名义而侵占庙产。或觉得寺内地方空着,则利用势力,巧取强借。有些不是为了办学校等,只是以办事为借口而饱了私囊。每一寺院,是民众信仰中心,必须清净庄严。凡是像样的国家,没有不尊重宗教自由。无论欧美的教堂也好,日本的大寺院也好,平日看来空空的,但有时候还嫌不够用哩! 这些是民众信仰中心,使人向善向上的,若视为浪费,任意侵夺,是十恶轮之一。如一直在造这些恶业,哪能有好结果呢? 7. 毁寺逐僧:寺院被毁了,出家人赶跑了,这是最重的恶业。这七类——十恶轮,随便作任何一种,罪皆极重,一定要堕落无间地狱。十一种罪及十恶轮,都是地狱种子。谁也不愿堕无间地狱,如要不堕地狱,要知道堕无间地狱的因缘。不作这类恶业,就能不受恶报,不堕无间地狱了。

二、**尊敬比丘勿得呵毁**:在家信众对于出家人应该尊敬,不能呵毁。如《十轮经》(卷三) 说:"若诸有情,于我法中出家,乃至剃除须发,被片袈裟,若持戒,若破戒,下至无戒,一切天人阿素洛等,依俗正法,犹尚不合以鞭杖等……或断其命,况依非法!"说起出家人,凡于佛法中离俗出家,剃除须发,穿上袈裟,就是出家了。但出家的也有好几类:有持戒的,有破戒的,也有无戒的。什么叫无戒? 是已现出家相,但于佛法衰微处没有受戒,随便披起袈裟,看起来也是出家人了。依国家正法,犯什么罪,判什么刑。但凡是持戒、破戒或无戒的出家人,即使触犯刑科,也不应该鞭打拘禁,或断其命。依国家正当的法律,尚且如此,何况不合法的枉刑冤狱呢? 换言之,不论如何,只要是现出家相,入僧团中,就不可以世俗的法律或非法的刑迫。佛法自有律法处理,如上面说过,在泰国的出家人如犯了法,由出家大众将他脱去袈裟,逐出僧团,然后才受国法制裁。为了尊敬三宝,不应随便地以世俗的法律来呵毁刑责。

清净持戒的比丘,当然不得以世俗的非法来刑责,那些破戒无戒的,为什么也不能以世俗的法或非法来刑责呢? 这是有着深刻意义的。如《十轮经》(卷三)说:"破戒恶行苾刍,虽于我法毗奈耶中,名为死尸,而有出家戒德余势。"又说:"出家者虽破戒行,而诸有情睹其形相,应生十种殊胜思维,当获无量功德宝聚:念佛、念法、念僧、念戒、念施、念忍、念出家、念远离、念智慧、念宿植出离善根。"依经文的意义是:破戒比丘,犹如死尸(不可能现身修行证果),佛法大海,不能再容纳他,所以应逐出僧团。但犯戒的恶行比丘,过去曾于出家僧团中受戒;虽然破戒,还有戒德余势。换言之,破戒比丘不是破坏一切戒善,还有些功德在呢! 如曾盛过香料的盒子,拿去香料后,还留有香气。破戒者因曾经受戒,所以还有些功德,还能令见者生起十种殊胜思维,增长福德。说到这里,大家倒可以想想自己。现在虽学佛而或者程度已较高了,已受五戒或菩萨戒,但最初是怎样信佛的? 当然,有些是遇着大德法师而生起信心,皈依佛法;有些却是幼年在家乡时,见到平常的出家人,慢慢与佛法结缘而学佛;或者见到的是不成样的出家人——破戒或无戒的,也许初见的印象不太好,但还是使你生起良好的观念,知道有佛有法有僧,而种下现在学佛的种子。所以破庙中的佛像,或旧书堆里的佛经,破戒的出家人,都能引起众生对三宝的信心。这样,破戒无戒的比丘,是能令人生起功德,增长殊胜思维的。如念三宝功德不可思议,念持戒、布施、忍辱功德,生起出家,远离烦恼,想到寻求智慧,自己于过去生中的善根。所以若在出家人立场说,破戒恶行比丘,应逐出僧团;但在信众方面说,还能令人增长功德,可作众生福田。总结地说,能持戒的,固然理想,应加崇仰;破戒的,即使知道了,在家居士亦不能对他非法骂辱,或者拘禁,因为这是对僧团而造重罪的。地藏菩萨来五浊恶世,现出家相,充分表现了菩萨的慈悲度生精神,使大家知道剃除须发,身披袈裟。于出家僧团中,是好是坏,还是出家人。当没有逐出僧团,失掉出家身份以前,不予赞叹、供养、护持,是可以的,但却不能于当面或背后用手段对付骂辱。否则,对佛法起不良的影响,无形中造成破毁三宝的重罪。

　地藏菩萨救济堕地狱的众生,而更着重于如何使众生不堕地狱。要不堕地狱,可总括为八个字:"尊敬三宝,深信因果。"这是一般出家在家佛弟子听惯了的,地藏菩萨现出家相来秽土度生,也不外乎此。其中最重要的,特别是如何尊敬法,尊敬僧,才能护持佛法,才能护佛法于世间救度众生,使众生于佛法中得利益。释迦佛来此世界成佛,现出家相,舍离家族财产修行而成佛。弟子们随佛出家,成为佛教出家僧团。僧是三宝之一,在佛法中非常重要,释迦佛是以此来度生,是组织出家众成为自利利他的清净集团。若僧团内部混乱,而在家居士又不明内部情形,如采取不正当手段,结果是增加僧团的困难、不和谐,削弱救度众生的力量。《地藏经》开示的法门,无论是十一重罪堕地狱,或十恶轮堕地狱,着重在谤正法、迫害出家人、谤修行者、侵损僧物等重罪。因为这是佛教僧团中的法与僧,若加以破坏,佛教于世间即失去其清净相,如何能发挥救度众生的大用? 例如爱国的,不能对国家不忠,更不能到国外去尽说国家不好。这只是捣乱,增加国家的困难,是国家罪人。佛教也如此,真正信佛教的,如破坏佛法及僧团,使佛法衰落,也是罪大恶极。这不只是《地藏经》说,也是一切大乘经所说到的问题。地藏菩萨知道五浊恶世,末法时代,出家人不如理想,而在家人不知修福修慧,反而对三宝的所作所为不如法如律。这一来,不用外道破坏,不用外道毁谤,自己就会衰落下去。地藏菩萨为此而现出家相,于释迦佛法会显示此一法门,令众生知道最易堕落的是什么?使出家在家弟子,都能于此特别注意,爱护三宝。这不但自己不会堕落地狱,佛教的衰落也可以中兴,不清净的可以渐渐清净,一天天发扬起来。

三、**无惭愧僧可亲近否**:出家僧众,佛把他们分为好几类:最好的是有修有证的圣者;其次是虽未能证圣果,却能持戒清净,对佛法理解正确,得佛法正见。另外还有两种不理想的:(一)哑羊僧(如不会说话的羊):出家的佛弟子,要学习戒律。这不但是不杀不盗等戒,而是包括了出家团体中的规律、制度。如具什么资格才能为人师?具什么资格才可以授戒?如何受戒?受戒有什么程序方式?怎样才能修建及主持寺院?……这些,佛都有扼要的规制。个人的,从出家受戒起,到每天托钵、吃饭、穿衣、睡觉。僧团的事,比如请职事、调解纠纷等,都有一定的规章。在团体中的事情,用现在话来说,是民主制度。如举行羯磨就是会议。会议的是否合法,议决须大家通过,而决定的是否合法,对于这些,出家人是应该知道的,应该学习的。若什么都不知道,那就是哑羊僧。(二)无惭愧僧:即破戒比丘。戒律有轻重,这里指破大戒而说。这些无惭愧僧,在家居士可否亲近他?这也可分为两类:一类是可以的,如《十轮经》(卷五)说:"有无惭愧僧,不成法器,称我为师,于我形像及舍利深生敬信,于我法僧,圣所爱戒,深生敬信,……转轮圣王,尚不能及,况余杂类。"
这类无惭愧僧,并非天天破戒,而是在一次烦恼冲动,环境所诱
而破戒。犯了重戒即名破戒,如杯子有了裂痕。这样的破戒者,
不成法器,以后尽管如何修行,参禅念佛,也不能现身成圣,现身
解脱。但与一般破戒的不同,所以还是可以亲近。这因为,他虽
因烦恼冲动而破了戒,然对三宝还有充足的信心。对于佛的形
像、佛的舍利塔寺,都非常尊重敬仰。佛像前极尽清净庄严,恭
敬礼拜供养。他自己虽已破戒,然而称赞僧宝;对于清净圣戒,
也赞叹敬信。这样的无惭愧僧,自己虽不成法器,不能现身修
证,但自身还能增长福慧。对佛教来说,还可使众生培植功德,
生信仰心,于佛法中得利益。由于对佛法僧戒的信心充足,所以
无论有多大功德的外道,就是世间的转轮圣王,也不及他。转轮
圣王是世间的仁王,以十善道德法门教化世间,世间有了圣王,
人民就得安乐,但不能引导人趋向出世;而破戒比丘却能使人引
起超越世间的出世正见。所以约修证方面说,虽然不成法器;而
约护持三宝的功德来说,却能使他人得法益。这种无惭愧僧是
可以亲近的,在末法中也是不易得的了。

无惭愧僧中,也有不可亲近的,如《十轮经》(卷五)说:"有
无惭愧僧,毁破禁戒,不成三乘圣贤法器,坚执邪见,谤别乘,谤
别度,不应亲近,近则堕落。"这种无惭愧僧,不但已经破戒,此
生不能证圣果,不能得解脱,而且还要搬出大篇道理,自己邪见,
反谤正见者;自己不修行,反谤修行者。起大邪见,拨无因果,无
善无恶,贼住于僧团中。另有一种,邪知谬解,修小乘的即谤大
乘为非佛说;修大乘的即排斥小乘,认为不值得学。又如六度

中,只修某一度门,而谤其他度门。这种无惭愧僧,不但不成法器,而且破坏佛法,所以不宜亲近他。亲近他,受了他的熏染,也就会起邪见,毁谤别乘别度,而要堕落地狱了!

　　四、伪大乘者不应亲近:有些大乘学者,常公开宣扬他的大乘:说自己是大乘派;只有大乘经可听,大乘法才可学,声闻、独觉乘都是小乘法,都不要修学。换言之,这是执大谤小。一般人的想法,大乘比小乘好,那么学大乘不学小乘,专弘大乘不弘小乘,又有什么错误呢? 这错误可大了! 如《十轮经》(卷六)说:"唱如是言,我是大乘,是大乘党,唯乐听习受持大乘,不乐声闻,独觉乘法。"又说:"说者听者,俱获大罪,陷断灭边,坠颠狂想,执无因论。如是众等所有过失,皆由未学声闻乘法、独觉乘法,先求听习微妙甚深大乘正法。"如有这种执大谤小的偏见,佛为大众说,这是犯重罪的;听这种人说法,也会犯重罪。主要的有三种过失:(一)起断灭见,(二)起颠狂想,(三)执无因论。所以太虚大师的判摄一切佛法,建立五乘共法、三乘共法,才说大乘不共法。若无五乘、三乘共法,不共大乘法就没有根基。所以西藏佛教,自宗喀巴大师,以共下士道、共中士道、上士道而总摄一切佛法,佛法能一直发扬光大,传到青海、蒙古、及东北等地。这都与地藏法门相合;若不学小乘而修学大乘,自行教他,自己与佛教都要走入岔道了! 例如大乘经说空,如以为一切都没有;大乘禅宗说不是善,不是恶,如以为无善无恶,那就都错了。在小乘佛法中,显示善恶因果,生死轮回,苦恼在哪里,问题在哪里,然后如何修,如何证,才得永远究竟清净。这样切实地认清了自己,认清了这些基本问题,才能深一层地体会大乘空义。否则，即堕以上所说三种过失。（一）堕断灭见，即落于空。听说一切皆空，以为空掉因果缘起，于是把因果缘起、善恶报应、生死轮回，都看作什么都没有。如起了这样的断灭见——空见，即使说心说性说悟，都不是真正的大乘法。（二）颠狂想：听说人人有佛性，人人可以成佛，就好像自己是佛，狂妄颠倒得了不得！学大乘法的，容易走此邪道。这是离开声闻、缘觉法而学大乘所起的过失。（三）无因论：大乘经中，或说因缘不可得，因缘无自性，但这并非没有因缘。但有些学者，却由此而落入自然无因的邪见。因果是佛法的宗要，非好好地信解不可。现在有些地方，好像佛法很盛，但很少谈到三世因果，无形中佛法成了现生的道德学，修养法。这些变了质的，离根本佛法甚远，都是偏向于大乘所引起的错误，也可以说这根本不成大乘法了。总之，这都是未学声闻、缘觉，即学微妙大乘正法引起的副作用。大乘如营养丰富的补品，病愈体弱的人服之，能强壮身体，精神百倍。若疾病还未治好而服补药，必将引起副作用。声闻、缘觉法，少欲知足，淡泊自利，少事少业，净持戒律，为小乘的基本精神。大乘以利他为重，要救济世间，不妨多集财物，利益众生。然而，若离开少欲知足的精神而行大乘法，则走入了岔路，与世间的贪欲多求又有什么分别？没有出世的声闻精神，就不能有大乘的入世妙法，大乘必成为一般恋世的世间法。因此，若离开小乘，没有声闻的功德，而以为自己是大乘学者，不要小乘法，那等于病未愈而服补药，必将引起不良后果。《法华经》中说，大乘道如五百由旬，小乘道如三百由旬。三百由旬就在五百由旬中，并非于五百由旬外别有三百由旬。所以若不学二乘而只学大乘法，必成大错。

这样，不学小乘法，就不能学大乘，如《十轮经》（卷六）明说："不习小乘法，何能学大乘？""舍身命护戒，不恼害众生，精进求空法，应知是大乘。"又《十轮经》（卷七）说："何故说一乘？""舍离声闻独觉乘，为清净者说斯法。"这明显地呵斥一般大乘谤小乘的，等于不会走而想跳一样。大乘法，一方面重视持戒，不惜身命地持戒，卫护圣戒，对一切众生，慈悲充足，不加恼害（戒依慈悲而成立；真能持戒，即能起慈悲心）；一方面精进地求空法。这慈悲、持戒、精进，求一切空法，是大乘法的特色。一切不生不灭的空法（即空相、空性），龙树说："信戒无基，忆想取一空，是为邪空。"这可见，正确的真空见，要在深信因果、净持戒行等基础上才能求得。而信因果、持净戒、精进等，都是共声闻、缘觉的功德。所以学大乘法，不能谤小乘，对小乘的基本理论、功德都要学习。有了小乘的功德为依据，那在学大乘法求空法时，才能稳当。有些人以为：《法华经》说一乘，一切众生成佛；学习小乘而终究回入大乘，那就学大乘法好了，何必再先学小乘？香港有一位老法师，对《法华经》有独特的见解。他以为，开权显实，即是开除权法而显实法，不要小乘之权，独显一乘的真实。这是最使人误解，学大乘一乘，即不要小乘了。但佛为什么要说唯一乘才是究竟，才能成佛？为什么到最后不说三乘而说一佛乘？要知道，佛说一乘，不是一般性的，是为身心清净的众生，有资格受大乘法而如是说的。佛并没有一开始即说唯有一佛乘。如《法华经》中，佛从三昧起，赞叹诸佛智慧甚深无量，不可思议。舍利弗请佛说法，佛再三止之，到舍利弗殷勤三请,才许可宣说。那时,五百增上慢人退席,佛说"退亦佳矣"！
那时的法会大众都是大乘根性,才宣说唯一佛乘。佛不曾开口
教人学大乘,而确是因机施教而渐渐引入,到此阶段,才为宣说
一大乘法。换言之,小乘虽不究竟,但有适应性,对这样根性的
众生,就必须说此法。佛于五浊恶世中建立清净僧团,就需要这
种严谨淡泊的小乘法,不为经济家庭眷属等所累。于人间建立
清净如法的僧团,即是于黑暗的世间现出一线光明的希望。故
佛在《法华经》中,最初觉得此法甚深不可说,但再一想,过去现
在未来诸佛,皆于五浊恶世说此法,皆为适应众生根机,于一佛
乘分别说三。若开始即说一乘,众生还没有清净,不能接受,不
但得不到功德,反令毁谤造罪。所以必须先说小乘,使众生做好
严谨淡泊的基础,再熏受大乘的微妙正法。小乘法以出家众为
主,这是于五浊恶世建立佛法所必要的。清净僧团若不能建立,
正法即将衰落。因此地藏菩萨于五浊恶世现声闻身,救度众生,
令不堕地狱。宣说两方面:(一)对于破戒比丘,应如何对付?
(二)于清净的僧团如何护持,才能使三宝于世间清净庄严,正
法不灭。

　　五、慎受权势财富勿造恶业:一般的在家佛弟子,能对佛法
发生大影响的,必定是社会上重要的人物,特别是国王大臣,担
当国政重任的。他们有权势,有声望,若对佛法发生正信,对佛
法的弘传流布自有良好的影响。但如护法而不知分寸,或不信
佛法而生恶见,那也能使佛法受到不正常的障碍。如上面所说
的,逼害出家人,侵夺清净比丘物与破戒比丘,侵夺寺院庙产等,
这都是那些有权势者所为。若穷苦的,既无力护持,也无力破

坏。所以有权势的富贵人护持三宝,有时也会出问题,何况故意地毁害佛法。这对于权势财富,应该谨慎而受,免于造作恶业。这种人,《十轮经》(卷七)分作四类:

(一)"有发愿不处尊位,以免造重罪"的。有些人发愿不做国王大臣等有权势者,恐怕妄想颠倒,于三宝中做破坏事。因为这些事,不犯则已,犯了即堕地狱。所以宁愿没有权势财富,虽不能护法,广积功德,也不致作重罪而堕落。

(二)"若诸有情已得法忍……受用种种胜大财业,及处种种富贵尊位,是我所许。"这是众生已得无生法忍,即已悟见真理,有了智慧的体悟,那做起国王大臣来,即有了把握,于三宝中必不造破坏三宝之罪。此人才可以受用胜大财业及荣华富贵的尊位。一般苦恼的众生,无财势,不能做大事,于三宝中只能做小功德。正如小乘人,怕犯重罪,宁愿苦恼,不要权贵。大乘法则不然,把三宝众生的利益放在第一位。如真是证悟法性的,那尽管有权势,居高官厚爵,必能为众生多作利益,护持三宝。

(三)"若诸有情,未得法忍,有能受行十善业道,亦劝众生令受学者,我亦听许。"又说:"十善业道……得名菩萨摩诃萨也。于一切恶皆得解脱,一切善法随意成就,速得盈满大涅槃海。"有些众生,虽然未开悟,若能奉行十善业道,也教他人行十善业道。这样,虽做国王大臣宰官等有权势者,也决不会作破坏三宝的重罪。十善业道是:身三善业,不杀、不盗、不淫;口四善业,于语言文字方面,不妄语欺骗、不两舌挑拨离间、不恶口咒骂、不绮语诲淫诲盗等;意(思想)三善业,不贪五欲、不发嗔恚、不邪见愚痴,深信善恶因果。这样的十善业道,自作教人作,此人的道德品格提高，做事如法，自然不作毁法破僧事。所以虽没有开悟，若受富贵而能修行十善业道，也就不会作重罪了。大乘经都说，菩萨发菩提心，初修十善，也就是要从十善业做起。《仁王护国般若经》称为十善位菩萨。自己以道德修行，以道德化世，以十善菩提心化世间，虽然还未开悟，也能走上大乘正道。这类自利利他的十善菩萨，成就十善功德，断除一切恶法，所以虽拥有财富权位，决定不作破三宝的重罪。

（四）"未得法忍，不受行十善道……亦有别缘得方便救。……而有信力，尊敬三宝。""不毁法，不恼僧，不夺僧物，于三乘相应正法，听受奉行……免堕无间地狱，及余恶趣。"若未得无生法忍，也没有奉行十善业道的，这种人做起国王大臣来，似乎非常危险。但另有一种因缘，也可以方便救护，不会因此造重罪，堕入地狱。这种人有了权势富贵，信心很深，能恭敬三宝。如上面所说的破戒比丘，虽然已破戒，但对佛法信心充足，还是有功德的。此在家弟子，虽未开悟，也不修十善业道，恶行在所难免。但由于尊敬三宝，信心充足，也不会做出毁法恼僧、破坏三宝、侵夺僧物等重罪。三宝的东西，是属于三宝的，出家人尚且不能随便取用，更何况在家弟子自饱私囊？只要对三宝深具信心，对三乘佛法尊重恭敬，虽没有开悟或修十善道，还是有功德善力，可以控制恶力，不会因造重罪而堕于地狱恶趣。

这一节，是为一般有权势富贵的在家弟子而说。能悟证无生法忍，当然是最理想；若不能，也应修行十善业道；再不，也应做到对三宝具足清净信心，这才能不作以上所说的五无间、十恶轮等罪。生富贵家，具权力，有势位，能这样，也就能于佛法中做种种事,增长功德护持佛法了。

六、地藏发愿普为救济:地藏菩萨于无量劫以来,皆发愿救度众生,不堕地狱。现于释迦佛前,重发此愿:"五浊恶世空无佛时,其中众生烦恼炽盛,习诸恶行,愚痴狠戾,难可化导……善根微少,无有信心。……如是等人,为财利故,与诸破戒恶行苾刍相助,共为非法朋党,皆定趣向无间地狱。若有是处,我当往彼,以佛世尊如来法王,利益安乐一切有情无上微妙甘露法味,方便化导,令得受行拔济……令不趣向无间地狱。"(《十轮经》卷四)佛在世时,佛的威德大,众生根机利。佛灭度后,众生烦恼炽盛,作恶的多,愚痴狠毒,不辨是非善恶,残酷凶暴,所以经上说:"五浊恶世众生,刚强难化。"这些众生常为财利与坏比丘合作。佛法在世间,良好的道场,有德比丘当然会有人护持,如一些念佛参禅讲经道场,有大德领导,也有人护法。然有些地方名胜,古刹或者新建,不管是否有德高僧主持,财产一多,也要有护持的人。从前大陆上的寺宇,要维持得好,每有拉拢地方势力士绅,逢迎送礼,请他护持。有些在家人,对三宝多少有点信心,但出家人自己不长进,请客送礼,请托帮忙,渐渐养成了习惯性,不免有些地方士绅,不分好歹黑白,只要送礼就帮忙。这不但造成恶劣风气,反使有德比丘无法立足。这一来,不但未能护持佛教,反而增加佛教的不少困难。真正爱护佛法,欲令三宝清净者,对此只有痛心,故太虚大师对此甚为感叹!地藏菩萨于释迦法会中,示现出家相,建立清净僧团为佛法的中心。依此基本精神,地藏菩萨发愿,于恶世中令此等众生,能以方便把他们从堕落边缘救出来。这并不一定要显神通,把要堕落地狱的众生拉出来,而是开示正理,令其了解,特别令这群有财富势位,可能作重罪而要堕落地狱的,信奉佛法,不要作破坏三宝的罪。佛说此法门,以《地藏十轮经》为主,使五浊恶世众生不入地狱。

六　临堕已堕者之拔济

地藏菩萨的法门,特重于如何才能使人不堕恶道。不作重恶业,不堕落地狱,当然最好,但那已作了堕地狱的重恶业,在临命终时将要堕落,如何才能在紧要关头救济他? 如果已堕地狱的,又将如何救度他? 病人病重将死时,或者已死,那时如恶业已造成了,善业又来不及作,这将如何救度? 在《地藏菩萨本愿经》中,特别着重说到这一法门。

地藏菩萨发愿,要救苦难恶趣众生。恶道众生中,地狱众生最苦,菩萨对苦难众生特别慈悲怜悯,所以特重于地狱的济度。地藏菩萨在释迦佛法会中,受佛嘱付。于佛灭后末法时代,众生根钝,烦恼深重,修行悟证者少,堕落者多。地藏菩萨于无边劫中发大愿,所以于佛前担负此责任,愿于秽恶世界救度众生,这是甚难希有之事! 这里有一问题:菩萨乔望每一个众生,都向上向善,不致堕落。众生也希望自己的父母六亲眷属能向善,不堕恶道。从作什么业,得什么果来说,当然是善有善报,恶有恶报,自作自受。但从另一方面来说,我们能眼看即将堕落者的堕落,坐视与我有着血统关系的人,堕在地狱中吗? 自己成贤成圣,而父母祖宗于地狱中受苦,心中过得去吗? 佛法不是只图自己利乐的,不是忘弃父母及六亲眷属的恩德的,所以对未堕恶道者,要以方便救济他;已堕落者,也要以方便救拔他。这如犯法的,虽被囚禁于狱中,也要想办法救他,不能说犯法的受罪,就是活该。与自己有关的,更要设法救度,这是人性流露,是存在于每人心中的。中国人对祖宗,有一番慎终追远的孝思,逢年节忌辰,好好地礼拜祭奠,表示儿女对祖德的不忘。中国民族传统的同情心,推及已死者,自己吃饭、穿衣,均想到父母,于是以饭食祭奠,以衣物焚化。后来渐渐用纸来代替烧化,这是一种孝思;用意虽善,但办法却并不理想。西方的宗教,本来对此也没有考虑,似乎人死即了结,如作恶的,一点办法也没有了。佛法不像儒家,仅限以祭奠的同情,慎终追远,而是对已死堕落者的加以救济,未死者是怎样使他不致堕落。宗教是适合人性要求的,所以西方神教在发展中,天主教也有炼狱的思想,为死人做弥撒,以消除亡人罪恶的教仪。这是源于人性发展而来;但对于救度的办法,佛法才能给以圆满的答复。

一、**地藏本愿永为济拔**:地藏菩萨发菩提心时,曾这样发愿:"我今尽未来际不可计劫,为是罪苦六道众生,广设方便,尽令解脱,而我自身,方成佛道。"(《本愿经》上)发菩提心,学菩萨道,也是要随因缘而发心修行的。地藏菩萨见六道众生受苦,见父母受苦,即发度尽一切众生、悉令离苦的大愿。此愿,不是数日数月数年,此生或后生,而是尽未来际,主要是令一切三恶道众生不受苦恼。但众生根性不同,智慧的程度不同,心境不同,以同一方法救度,不一定都得利益,所以要以种种方便,令一切众生皆成佛,然后自己才成佛。所以说"众生未尽,誓不成佛"。众生无尽,地狱也难以度尽,这样也就不成佛;这就成为不成佛道的大悲菩萨。菩萨发心修行中，特重大悲，不为自己利益而急于成佛，宁愿大众皆成佛，我才成正觉。地藏菩萨无量劫来，即发这样的大愿。地藏菩萨发大愿广设方便，宁可自己不成佛道，而专心于度众生，尽令解脱。地藏菩萨悲愿的深重、精神的伟大，是怎样的值得我们崇敬！

释迦佛也曾赞叹地藏菩萨的功德说："闻是菩萨名字，或赞叹，或瞻礼，或称名，或供养，乃至彩画刻镂塑漆形像，是人当得百返生于三十三天，永不堕恶道。"（《本愿经》上）"超越三十劫罪，生天不堕恶道，不受女身，受则尊贵端严，鬼神护卫。"（《本愿经》下）由于地藏菩萨功德的不可思议，所以赞叹他等会有这样的功德。佛曾说：百劫称名赞叹文殊师利等大菩萨功德，不若一顿饭顷恭敬称念地藏菩萨。因为地藏菩萨悲愿特重，顾名思义，而知地藏菩萨功德。闻地藏菩萨名，知道菩萨过去生中事迹，用种种方法称扬赞叹他。从前，印度流行以偈颂赞叹佛菩萨功德。以现在来说，或以文章、诗词、歌咏等赞叹。见菩萨像时，应恭敬地瞻仰礼拜；或称地藏菩萨的名字；或以香花供养；或用彩画的菩萨像，或用木刻，石雕，铜、铁、金、银等铸的菩萨像，或土塑等，无论什么，只要是菩萨像，恭敬礼拜，功德很大，能得百世生于人天中的善果。经中对恭敬供养地藏菩萨，称名、塑像、礼拜等功德，说得很多：（一）能灭三十劫重罪。（二）以后生中，往生于天上。（三）不受女身。女人，本来没有什么不好，只是生理不同，虽说男女平等，在体质上，实在不及大丈夫。若能称地藏菩萨名，可以不受女身。若有以为女身也好，愿意受女身的，那来生一定是端严尊贵，贤淑纯良，做一贤妻良母。或如摩耶夫人，做佛母。（四）生于人间有鬼神卫护。世间的邪恶鬼神很多，有些会娆乱人，但对有德的人，一分善良的鬼神会拥护保卫，得到平安。

二、临终时之救拔：上面所说，是人在生前平时对地藏菩萨的尊敬礼赞而得的功德，现在要说到将死时的救济。人死后不一定堕落，或再生为人；若功德大的可能生天；念佛专精的，往生极乐世界。这些人，根本用不着超度救济。但人生数十年中，错误的事当然不少；尤其末法时代，斗争坚固，嗔恨心重，贪欲也大，每人都免不了罪过，所以也就都有堕落——地狱、畜生、饿鬼的可能。那用什么方法才能救济呢？若在未死前，较容易，死后就困难多了。现代学佛的，常重于死后的救济，其实最好是在生前。救济方法，大致有两种：（一）施舍作福，（二）于三宝前修功德，诵经及称佛名号。经中常说，病人在最危险最痛苦时，很可能堕落，最好把属于他自己的东西拿去布施，尤以施舍他本人最喜欢最心爱的东西为佳。如有人喜欢收藏古董字画、邮票等，各人的嗜好不同，以心爱的东西布施，可破众生贪著。最心爱的物件都能施，其他还有什么不可施舍？以最爱物布施，功德也最大。众生为钱财而造罪的最多，若能以金钱布施，并对病重者说明，把你所最爱的东西，为你布施作福，必定获大功德果报。一方面使他起舍心，减轻爱著，一方面增长他的福德。不恋著现身财物，增长人天福德，那当然不会堕落了，这是佛教对病人临终的根本救度法。另一方法，是于三宝前修功德，于佛前设供养，诵经礼忏，称佛名号，凭仗三宝力的加被，使于临命终时得大利益。这如《本愿经》（下）说："临命终时，父母眷属，宜为设福以资前路。或悬幡盖及然油灯,或转读尊经,或供养佛像及诸圣像,乃至念佛菩萨及辟支佛名字……如是众罪,悉皆销灭。"人在临命终时,境界不好,罪业又重,最容易堕落。若本人的父母兄弟姊妹等亲属,为之设福修功德,燃灯造旛,诵经或念佛菩萨名号,都能令死者离开危险的道路,走向平安的前途。更简要的,如"临命终时,得闻地藏菩萨名一声历耳根者,是诸众生永不历三恶道苦"(《本愿经》下)。在人临命终时,若能听闻地藏菩萨名字,一声圣号,直达耳根,知有地藏菩萨,此人即永不历三恶道苦;若更能为其布施念经,放生作福,则更不会堕落。

　　人于一生中,作业很多,临命终时什么业受报?这有三类不同:(一)随重:比如作五无间罪,是最恶之业,一死即刻堕入地狱,又如修最高禅定,定力深强,死后必立刻生天。造业虽多,必依最有力的业而趣生。所以说"如人索债,强者先得"。(二)随习:依平常的习惯。业并不太重,但平常所作,久久成了习惯性。有些人,一生不作大恶,也不作大善,这就要看其平常的久习的业,哪些最多,即随着受报。(三)随念:最后时,其心念在何处,即向何处趣生。若作有重业,当然是转不过来。如无重业,于临命终时,教他不执著、看破、放下,以身外物为其布施作功德。虽然生命已垂危,只要他还知道自己布施作福,心中不再贪著,心境开朗,即随这意念而受生。或在临命终时,为他助念,引导他,使病者闻佛名,心中也随着念佛。即使本有堕落的危险,当他知道有人为他念佛,即会生起善念,向于光明。听到佛号,心中有安全感,就可以使他从恶道中转过来。所以平时能念佛当然更好,临终时助念,也是一重要的事。最可怕的是到了最后关头,烦恼恶业现前。恶念一起，一生的修行皆变成白费。所以临终时，家属高声啼哭，将使死者心情动乱，痛苦，令其堕落，这是爱之适足以害之了。所以最要紧的，是令其心境平静、清净、生欢喜心。特别是悭贪者，将堕饿鬼趣，若眷属为之布施修福，死者生舍心，即可救拔。作重恶业的，不但不易轻改，就是作生天重善业如修无想定，必生无想天，要使他不生，也是不容易办到的。虽有这三类，而救济的方法，就是以善念来转恶念，把握"随念"的好方法。佛法有方便，可以把临到地狱边缘的众生拉回来，但最好还是不作重恶业。

三、**命终后之拔济**：作恶业的，临命终时境界不好，即为其作福，仗三宝威力来救拔他。若已经死了，怎么办？经上说："身死之后，七七日内，广造众善，能使是诸众生，永离恶趣，得生人天，受胜妙乐。"（《本愿经》下）这应该于七七日内，为他修福、布施、念佛、回向，令他远离三恶道苦，生于人间天上。为什么要在四十九日内为他作功德呢？中国佛教徒，也是逢七天做"七"，四十九日叫做"满七"，这要解释一下。原来人的寿、暖、识都离开了身体，叫做死，这即是精神作用完全停止，身体内热度消失，命根断绝，才是死。人死后，有些即刻受果报，有些经过一段时间才受果报。如果作五无间恶业重罪的，死后立刻堕地狱，前一念死，后一念立刻下地狱，中间一念的距离都没有，即成无间狱。生天亦是这样，若作重善业，此一念死，下一念即生天。若生人间、畜生、饿鬼等，大多数经过一段时间。那时，虽然死了，另有中阴身起。人死了以后，下一次当生何处？若还生为人为畜等，大抵不能立即受果；从死后至再受生这一段时期，名为中阴身，这是过渡时期的过渡形态。此中阴身，七天死一次，死后于第二念中立即再受另一中阴身。可能在第一天第二天就受后生果报，但最久的经过四十九日的七生七死，即决定受生。换言之，此七七日中，还是过渡阶段，还未真正受生，这过渡时期结束后，一定要受为人为畜或堕落地狱的果报。当这下一生的业报还未现前（过渡时期）时，要广修众善。如果要堕落畜生道的，在中阴身时期，还未受畜生果报，此时为他修善作福，还可以转变。于七七日中作佛事，并不限于头七或二七的日期，而是四十九天内都可以做。这譬如由台北坐车到高雄，高雄是终点、是目的，假如有人找他，在中途的台中、台南，每一站都可以下车，而改变到高雄的目的。于四十九日内为亡者修福、布施、念经做佛事，使他从恶道中转回来，等于使他在半路下车。如果过了四十九日，则随业受其果报，已无法挽回，正如车子已达目的地，已经无办法了。

　　佛在世时，主要为病者死者布施修福，或供养三宝，或救济贫困等，为死者回向。现在中国佛教流行为死人做功德，斋主请出家人念经、念佛、礼忏。有些并没有虔诚的心为亡者修福回向，而等于买卖交易，多少钱一天或一夜，一切谈判妥当，才开始做佛事。这样以钱雇人念经，自己家属没有半点虔诚，拿钱到寺院中，不作布施想，也收不到布施的福果。布施是一回事，请出家人念经念佛而出钱，又是一回事。若以钱请人念经，即失去布施的意义。今日的诵经念佛，超度亡者，是祖师传下来的，说起来也是人生重要的事；但问题在佛事的营业化，失去佛法方便拔济的意义。

　　家属为死人诵经念佛，功德并不完全归于亡人。如《本愿经》（下）说："命终之后，眷属大小为造福利。一切圣事，七分之中而乃获一，六分功德，生者自利。"又说："营斋资助……如有违食及不精进，是命终人了不得力。"原来为亡者念经，做佛事，所得的功德，活人多，死人少——活人得七分之六，亡者只得七分之一。若人命终后，为他布施、作福、诵经、念佛等一切功德，都是做者得六分，死者得一分，故《地藏经》说"存亡两利"。若出家人为人做佛事，至诚恳切，自己也得功德。可是现在一般出家人，为人诵经，做佛事，似乎并不将此作为修行。若不能于做佛事时至诚恭敬，一心以此为修行方便，亡者既不得利益，自己也毫无功德，只是一天得了××元钱而已。亡者未死前为他念经念佛，仗三宝力，令他自己也发欢喜心、虔敬心，所以容易济拔。等到死后于七七日内，为他做功德，超荐回向，需要家属虔诚，诵经礼忏者的虔诚，才能发生效用，所以《地藏经》中特别提到这两点。请僧众为亡者念经回向，即经中所说的营斋资助。在印度，营斋即是供佛及僧。中国是请出家人诵经礼忏，设斋供养，以此功德回向先亡。若斋主杀生食肉，或僧众做佛事不精进，死者不能获益。所以第一是自己眷属以清净心、诚恳心，自己参加素食，于三宝中生信心，才有效果。有些人，祖宗父母去世后，也请出家人念经，但似乎与自己无关，你念你的经，自己眷属则招待客人，喝酒打牌玩乐，热热闹闹的。这样的超荐，斋主对出家人毫无恭敬，如雇工人，虽然钱也化了，光是热闹好看，对死者一无用处。最要紧的，是自己眷属儿女精进虔诚，仰三宝力，请出家人领导念经礼忏。并不是我给你钱，你给我诵经。自己必须恳切虔诚,随着礼拜忏悔,才能仗三宝力,救度超荐先人,使亡者于堕落因缘中,得生人天。平时念《地藏经》的人很多,这些大家都应知道及注意的。

功德要在七七以内去做,为什么呢？因为,"七七日内,念念之间,望诸骨肉眷属与造福力拔济。过是日后,随业受报"(《本愿经》下)。这里所说的七七日内,其实不一定七七,有人于一七受生,有人于二七或三七受生,最多七七便受果报。所以于七七日内,亡者在念念间,皆希望其眷属为之祈求三宝加庇,为之广修福德,而能在堕落边缘得到改善的机会。死者此时在中阴身中,自己无力,作不得主,只有希望眷属为他拔度超荐。若过了七七日,无人济拔,只好随业受三恶道苦。如乘坐的火车,已经到站,不得不下车了。所以人死后,应于七七日内救济。也如世人触犯刑章时,可以请律师为他辩护。若等到最后判决,便一切都无法转移了。

四、堕落者之救济:当然,最好是自己不作恶,就不会堕落。若作了恶业,未死以前还可以布施作福,做种种功德。若死后,则应在七七日内,为做功德救度。如果死后,过了七七日,随业受报,还有办法救度吗？这就非有大力量不可了。如最后确定判刑以后,非特赦不可一样。如何拔济已堕地狱的众生？这应由死者儿女的深切孝思而救度。从《地藏菩萨本愿经》所说地藏菩萨过去生中的事,可知应如何救度已堕落者。虽然堕入地狱,还是可以救脱的。在《地藏经》中,说到两件事:一是婆罗门女事,一是光目女事,这都是地藏菩萨过去生中的事。地藏菩萨过去为婆罗门女时,母亲不信三宝,修习邪见,死后堕入地狱受苦。婆罗门女知道母亲生前不信三宝修习邪见，必入地狱，即为母布施修福，见佛像即恭敬礼拜，悲号哭泣。佛已早入涅槃，若佛还住世间，即可以问佛，自己母亲究竟生于何处。她心中悲切已极，此时，似乎有一种声音告诉婆罗门女，教她不用难过，只要一心称念觉华定自在王如来（那时已灭度的佛名）名号，便可知母去处。婆罗门女即以至诚恭敬，摒息杂念，一心称佛名号。不久，婆罗门女即在定境中到达地狱边缘，问狱卒其母何在？狱卒说：她亡母已因其女孝心，为其布施修福，持佛名号，以此功德，已离地狱生天了。由此一事，可知一种至诚孝思与念佛功德，两种力量综合的感应，虽已下地狱的罪人，也可以得救。

　　光目女，也是地藏菩萨过去生中所示现的孝女，其母生前喜吃鱼子，犯杀生罪极重。光目女知母死后必堕落恶道，于是请阿罗汉入定观察，方知母果生于地狱中。后来，也一心念佛，恭敬供养，以是诚孝的力量，拔救母亲离地狱苦。据此二事，可知虽已堕落地狱的众生，只要儿女至诚的孝心，加上念佛恭敬虔诚，儿女与父母是血性相关的，仗三宝威德神力，可令父母得到解脱。一般人的慈悲救拔，虽也有感应，但父母儿女是骨肉至亲，一定能深彻的至诚恳切，力量最大，最易救度。

　　为亡者念经礼忏时，要看作自己做功德，才能生效。经中说：念经的得功德七分之六，亡者只得七分之一，故请人念佛诵经，不及自己生前修行。所以，在身体健康时，自己多念佛，多修福德，就不怕有堕落的危险。若已死，受中阴身，当然要眷属为他修福布施来救度他。若已堕落，当然难于救度了！唯有眷属的至诚恳切才可以救度。地藏菩萨以大悲愿，于五浊恶世开示此法门,对一切恶道众生,给以方便救护。现代的中国佛教界,对祖先眷属的超荐非常普及,希望都能理解这一法门的真意义,真能得到功德才好。

（录自《佛法是救世之光》,61—113 页,本版 42—77 页。）